현장교사를 위한

자유학기제 및 자유학년제
수업 모형 가이드북

| 김민정 · 김혜원 · 이정은 · 전은화 · 정효정 · 황윤자 공저 |

학지사

머리말

    교육공학을 연구해 오면서 타인으로부터 듣거나 우리 스스로가 이 학문에 대해서 이야기할 때 빠지지 않는 말은 교육공학은 실천적인 학문이라는 것이다. 다양한 수업 설계이론, 수업 방법, 수업을 효과적으로 해 주는 다양한 매체를 이야기할 때에도 우리는 항상 교육공학은 이론에만 그치지 않는 실천적인 학문이므로 현장에 도움이 되어야 한다고 말한다. 교육공학을 전공하면서 그래도 다양한 실천적 노력을 한다고는 하지만, 과연 우리가 현장에 있는 분들에게 정말로 실천적 도움을 주는 연구를 해 오고 있는 것인가라는 회의가 들 때가 간혹 있다. 그러한 느낌을 가장 많이 받을 때는 초·중등학교 현장 선생님들을 만날 때다. 현장에 계신 선생님들은 나날이 달라지는 교육 환경, 수많은 사회적 요구, 다양한 학생의 요구 등을 자신들의 수업에 반영하기 위해 항상 목이 말라 있으며, 우리 교육공학자가 하는 얘기가 여전히 어려운 이론으로 여겨진다는 피드백을 많이 하신다. 그때마다 선생님들은 "그런 어려운 것 말고, 바로 내가 수업에서 따라 해 볼 수 있는 좀 더 쉽고 실제적인 것 좀 없을까요?"라고 반문한다. 이런 이유로 교육공학이 학교 현장과 밀접하게 연계된 실천적 학문이어야 한다는 데 뜻을 같이한 학자들 몇 명이서 현장 선생님들을 위한 실질적인 가이드북을 집필할 필요성을 느끼고 이 책을 집필하게 되었다.

학생들의 꿈과 끼를 찾아 주기 위한 진로교육의 중요성이 강조되고 있다. 이 와 더불어 시작된 자유학기제와 자유학년제는 교육 현장의 큰 변화이자 새로운 도전임이 분명하다. 이 책은 기존의 교육과는 다른 교육을 어떻게 만들고 실행해야 하는지 고민하는 많은 선생님의 노고를 조금이라도 덜어 드리고자, 기존의 어려운 수업 설계라는 이론적 말을 빼고 '자유학기제와 자유학년제 수업은 이런 식으로 하면 잘할 수 있다'는 가이드북 형식으로 접근함으로써 현장교사들에게 편안하게 다가가고자 하였다. 집필진의 그동안 교사연수 및 진로교육 노하우를 녹여 다양한 형태의 자유학기제 및 자유학년제에서 요구하는 수업을 만드는 방법에 대해 구체적으로 소개함으로써, 이 책이 현장교사들이 직접 수업을 만드는 과정에서 많은 도움이 되기를 희망한다.

이 책의 구성 및 개관

이 책은 크게 제1부와 제2부로 나뉜다. 제1부에서는 공통 교육과정을 자유학년제에 맞게 어떻게 수업할 것인가를 다루고, 제2부에서는 자유학기제에 이루어지는 다양한 자율 활동 수업을 어떻게 할 것인가를 다룬다. 자유학기제 수업이라고 하면 막연히 진로교육이나 주제별 활동 또는 동아리 활동 등과 같이 교과와 직접적으로 상관없는 것만 떠올리는 경우가 많은데, 현 정부에서 추구하고 있는 자유학기제는 일반 공통 교육과정 역시 기존의 수업과는 달리 시대의 요구에 부응하고 학생들의 끼와 꿈을 살려 줄 수 있는 수업으로 변화하기를 기대하고 있다. 따라서 이 책의 제1부는 공통 교육과정 수업을 자유학기제에 맞게 어떻게 만들 수 있는지를 다루는데, 일반 교과 수업 및 융합 수업 그리고 교과 융합 중에서도 여러 교과를 연결해서 수업을 하는 교과 연결형 수업을 어떻게 만드는지를 구체적으로 다룬다. 그리고 제2부에서는 진로탐색형 수업, 진로체험형 수업, 주제선택형 수업 등의 자율 활동 수업을 만드는 방법을 다룬다.

이 책의 각 장은 세 개의 하위 절로 구성되어 있다. 첫 번째와 두 번째 절에서는 해당 수업 방법(수업 모형)이 가지는 주요 철학적 배경을 언급한다. 이 부분은 이론을 강조하기 위해 들어간 부분이 아니라, 이런 이유 때문에 이런 수업 방법을 쓰게 된다는 설명을 통해 현장교사들이 해당 수업 방법을 더 잘 이해하도록 돕기 위한 부분이다. 모든 교육은 교육자의 제대로 된 철학에서부터 시작될 수 있다. 두 번째 절에서는 실제 수업을 따라 만들어 볼 수 있도록 단계를 나누어 구체적인 활용상의 팁과 함께 수업을 만드는 방법을 설명한다. 각 단계에서 무엇을 해야 하는지 구체적으로 알려 줌으로써, 현장교사들이 한 스텝씩 따라 해 보기를 기대하는 마음으로 구성하였다. 마지막으로 세 번째 절에서는 앞부분에서 설명한 것에 대한 예시 수업지도안을 보여 준다. 예시를 보여 주는 것은 독자로 하여금 보다 명확하게 수업의 단계를 이해해서 자신들의 수업을 최적으로 만들 수 있도록 안내하기 위함이지, 그대로 따라 하고 새로운 것을 만들지 말라는 의미가 아니다. 저자들이 기대하는 바는 이 수업지도안을 토대로 현장교사들이 이보다 훨씬 나은 수업지도안을 개발하여 훌륭한 수업을 운영해 나가는 것이다.

저자 일동

차 례

제1부
공통 교육과정 수업 모형

제2부
자율 활동 수업 모형

공통 교육과정 수업 모형

제1장　**공통과정 교과 수업 모형**

 개 관

　자유학기제가 시작되어 다양한 형태의 진로교육 및 체험형 수업이 이루어지지만, 학교 교육에서 가장 많은 부분을 이루는 공통과정은 기본 교과 수업이다. 이 부분을 자유학기제에 맞게 성공적으로 운영하는 것이 자유학기제의 가장 중요한 부분이라고도 볼 수 있다. 따라서 자율과정 수업뿐만 아니라 공통과정인 기본 교과 수업을 자유학기제 수업에 맞게 변형하여 잘 운영할 필요가 있다. 이 장에서는 기본 교과 수업을 어떻게 자유학기제에 맞게 변형하여 수업할 수 있는가를 다루고자 한다.

1) 자유학기제 공통과정 교과 수업 모형의 필요성

　자유학기제의 교과 수업과 기존 교과 수업의 가장 큰 차이점은 핵심역량 중심의 수업인지의 여부다. 기존의 학교 교육의 교과는 학문 중심(또는 교과 중심) 교육과정으로 이루어져 있어 학생들에게 특정 교과의 지식을 전달하기 바빴지만, 자유학기제에서 강조하는 교과 수업은 핵심역량 위주의 교육과정을 지향한다.

예를 들어, 기존의 교과 중심 교육과정에서는 중학교 1학년 수학의 수와 연산단원에서 배울 내용에 초점을 두고 교수학습이 이루어졌다면, 핵심역량 중심의 수업에서는 [그림 1-1]과 같이 그 수업을 마치고 나서 달성해야 하는 학습자들의 종합적인 수행에 초점을 두고 학습이 이루어진다. 단일한 하나의 지식보다는 실제적 문제해결 및 수행에 초점을 두고 교육을 하는 것이 핵심역량 중심 수

교과 중심 교육	핵심역량 중심 교육
교과의 학습 내용 위주의 교육이 이루어짐	그 수업을 마치고 나서 달성해야 하는 학습자들의 종합적인 수행에 초점을 두고 교육이 이루어짐
예: 중학교 1학년 수학의 수와 연산 단원	예: 중학교 1학년 수학의 수와 연산 단원
소수, 합성수, 거듭제곱, 지수, 밑, 소인수, 소인수분해, 서로소, 양수, 음수, 양의 정수, 음의 정수, 정수, 수직선, 양의 유리수, 음의 유리수, 유리수, 절댓값, 교환법칙, 결합법칙, 분배법칙, 역수, 유한소수, 무한소수, 순환소수, 순환마디, 제곱근, 근호, 무리수, 실수, 분모의 유리화, 양의 부호, 음의 부호, 순환소수 표현 등의 내용을 가르치기에 초점	• 소인수분해의 뜻을 알고, 자연수를 소인수분해 할 수 있다. • 최대공약수와 최소공배수의 성질을 이해하고, 이를 구할 수 있다. • 양수와 음수, 정수와 유리수의 개념을 이해한다. • 정수와 유리수의 대소 관계를 판단할 수 있다. • 정수와 유리수의 사칙계산의 원리를 이해하고, 그 계산을 할 수 있다. • 순환소수의 뜻을 알고, 유리수와 순환소수의 관계를 이해한다. • 제곱근의 뜻을 알고, 그 성질을 이해한다. • 무리수의 개념을 이해한다. • 실수의 대소 관계를 판단할 수 있다. • 근호를 포함한 식의 사칙계산을 할 수 있다.

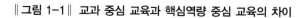

‖**그림 1-1**‖ **교과 중심 교육과 핵심역량 중심 교육의 차이**

업의 가장 큰 특징이다.

　핵심역량 중심 수업을 하기 위해서는 기존에 해 왔던 교육과정 구성에서 좀 더 융통성 있는 교육과정이 편성될 필요가 있고, 다양한 학습자 참여 수업이 이루어질 필요가 있으며, 다양한 학습 활동을 평가할 수 있는 새로운 평가 모델이 개발되어야 한다. 따라서 이를 강조한 수업 모형이 개발되어 학습자들의 학습을 보다 효과적으로 증진할 수 있는 방안이 필요하다.

Tips

☑ **핵심역량이란? 핵심역량 중심 교육 및 교육과정이란?**

- 역량이란 '어떤 일을 잘 해내는 능력'으로 정의됨
- 따라서 역량 중심 교육이란 기존의 교육처럼 무엇을 얼마나 배워서 아는가에 초점을 두는 것이 아니라, 실제로 어떤 일을 수행할 수 있는 뛰어난 능력을 갖춘 인재를 만들도록 총체적 교육을 하는 것을 말함
- 기존의 교육과정이 교과의 학문적 구조에 기반을 두고 있다면, 역량 중심 교육과정은 수행에 초점을 두고 어떤 일을 잘 해내는 데 필요한 지식, 기술, 태도를 위주로 교육하도록 구성한 교육과정임

☑ **핵심역량 중심 교육에서 주의할 점**

역량 위주의 교육을 수행 측면으로만 생각해서 때로는 너무 협소화해서 이해하는 경향이 있는데, 그보다는 수행을 강조하지만 그 수행을 잘하게 하는 지식, 기술, 태도의 총체적 교육이 이루어지도록 하는 데 그 초점이 있다.

---

2) 자유학기제 공통과정 교과 수업의 특징

　자유학기제의 교과 수업은 다음의 세 가지 측면에서 기존의 교과 수업과 차이를 보인다.

　첫 번째, 핵심역량 기준의 수행성에 초점을 둔 교육을 시행하려면 유연한 교

육과정의 편성이 필수적이다. 핵심역량 중심 수업에서는 실제 상황의 수행에 초점을 두고 교육이 이루어진다. 그러므로 학습자는 실제 상황과 비슷한 학습 경험을 많이 할 수 있어야 한다. 실제 상황은 단일 교과목으로만 구성된 지식 및 정보의 구성이 아니라 다양한 교과의 지식과 정보가 융합된 형태가 대부분이다. 따라서 자유학기제의 교과 수업은 지식이나 정보가 특정 교과와 단원에 한정되어 구성된 형태가 아니라 상황에 맞게 유연하게 편성될 수 있는 유연한 교육과정을 지향한다.

두 번째, 자유학기제의 모든 교과 수업은 기존 수업의 한계성을 벗어나, 보다 실제적이고 총체적인 깊이 있는 교육을 하기 위해 학습자 중심의 수업을 지향하고 학습자의 수행에 초점을 둔다. 따라서 기존의 교수자 중심 강의식 수업에서 벗어난 다양한 형태의 학습자 중심 교육방법이 필요하다. 그러므로 교육의 방법에서도 혁신적인 변화가 필요하다.

세 번째, 자유학기제 교과 수업은 교육과정과 교육방법이 달라짐과 더불어 평가의 방법도 달라져야 한다. 기존의 지식 확인형 획일적 시험에서 벗어나 핵심성취 기준에 대한 다양한 평가가 이루어질 필요가 있다.

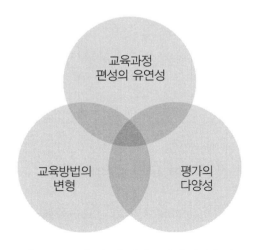

‖ 그림 1-2 ‖ **자유학기제 교과 수업의 특징**

2. 교과형 수업 모형

1) 철학적 기반

자유학기제 교과형 수업 모형은 다음과 같은 교육철학에 기반을 둔다.

☑ **학습자 중심 교육**: 현대사회에 들어오면서 교육의 패러다임이 바뀌고 있다. 예전에는 학습자를 수동적인 존재이며 교수자가 전수하는 지식을 습득하는 자로 보았지만, 현대의 학습자관에서 학습자는 학습의 주체이며 적절한 지원이 주어지는 경우 충분히 잠재력을 발휘할 수 있는 존재이므로 이들을 잘 이끌어 주고 잠재력을 발휘하게 하는 것을 진정한 교육으로 판단하고 있다. 자유학기제도 이와 같은 맥락에서 학습자의 꿈과 끼를 찾는 것을 기본 목표로 한다. 그러기 위해서는 다양한 교과 외 프로그램뿐만 아니라 일반 교과 교육도 학습자 중심이 되어야 하고 수업의 주체가 학습자가 되어야 한다. 학습자가 수업의 주체가 된다는 말은 교수자 위주의 지식 전달 수업이 아니라, 학습자들이 수업의 중심이 되어 직접 참여하여 탐구하고 경험하며 학습하는 형태로 수업이 전환되어야 함을 의미한다.

☑ **학습과 실생활의 연계**: 자유학기제 교과 수업에서 강조하는 핵심역량 중심 교육의 기본 전제는 교실에서 배우는 학습이 실생활과 밀접히 연계되어 있다는 것이다. 정보 및 지식 자체를 아는 것에 초점을 두는 것이 아니라, 실제 삶에서의 문제해결을 위해 다양한 것을 배우고 배운 바를 수행할 수 있는 종합적인 역량을 기르는 것이 자유학기제 교과 수업의 목표다. 이러한 학습과 실생활의 연계는 삶과 배움이 동일 선상에 있음을 전제로 한다.

☑ **교육의 자율성**: 학습자 중심 수업, 그리고 실생활의 문제해결을 강조하는

핵심역량 중심 수업을 전개하기 위해서는 기존 교육의 패러다임과 형식을 많이 파괴해야 한다. 실생활은 다양한 지식의 융합으로 이루어져 있기에 실제 교육에서도 교과 간 융합이 자유롭게 이루어져야 한다. 그러므로 교육과정 재구성의 자율화가 요구된다. 또한 학습자 중심 수업을 위해서는 기존의 교수자 중심의 지식전달형 수업 방식을 지양하고 다양한 학습자 참여 수업 방법을 활용할 수 있다는 전제를 해야 한다. 그리고 이렇게 이루어진 학습자 중심 수업에 대한 평가는 지식 습득에 대한 획일적인 평가로는 부족하다. 따라서 자유학기제 교과 수업 모형은 교육과정, 교육방법, 교육평가에서 교육의 자율성이 전제되어야 빛을 발할 것이다.

2) 추구 목표

자유학기제 교과형 수업은 수업의 내용적인 측면에서는 교과 관련 역량을 획득할 것을 목표로 하고, 더불어 융통성 있는 교육과정, 실제적 학습, 다양한 수업 방식과 평가에 대한 경험 등을 통하여 학습자들로 하여금 21세기 핵심역량 중 다양한 역량을 함양할 수 있게 할 것으로 기대된다.

‖ 표 1-1 ‖ 자유학기제 교과형 수업 모형의 성취목표

역 량	세부 역량	성취목표
21세기 핵심역량	비판적 사고와 문제해결	• 주어진 상황을 비판적 시각으로 바라볼 수 있다. • 주어진 문제를 체계적이고 합리적인 방법으로 해결할 수 있다.
	의사소통과 협동	• 다양한 협력 과정에서 효율적인 의사소통을 할 수 있다. • 협력적으로 과제를 수행할 수 있다.
	창의성과 혁신성	• 문제해결의 과정에서 독창적이고 기존의 것과 차별화되는 아이디어를 낼 수 있다.

역량	세부 역량	성취목표
	디지털 리터러시	• 정보통신 기술을 활용한 다양한 매체를 활용하여 수행하고자 하는 일에 편리성을 기할 수 있다.
	자기주도성	• 자신의 학업이나 업무 목표를 세우고, 이를 계획하고, 수행하고, 평가하는 과정을 독립적으로 수행할 수 있다.
	리더십 및 책임감	• 조직이나 집단에서 지도성을 발휘할 수 있다. • 조직의 구성원으로서 맡은 바 역할을 수행할 수 있다.
교과 역량	각 교과와 단원별 기대 역량	• 지식적 측면: 해당 교과 및 단원의 지식을 충분히 활용할 수 있다. • 기술적 측면: 해당 교과 및 단원의 기술적인 측면을 습득하여 활용할 수 있다. • 태도적인 측면: 해당 교과 및 단원의 태도적 측면을 숙지하고 내면화할 수 있다.

3) 수업 모형의 구조

자유학기제의 공통과정 교과 수업 모형은 크게 두 가지의 핵심적인 특징이 있다.

첫째, 수업이 이루어지기 전에 준비 단계로 교육과정을 재구성한다는 점이다. 이를 통해 기존 교과의 학문 중심의 단순한 지식 위주 수업을 탈피하고, 학습 내용을 실제적인 요소(예: 진로 요소) 또는 타 교과 연계 요소 등과 접목시켜 심도 있고 실제적 학습 경험을 할 수 있는 교육과정을 구성한다는 점이다.

둘째, 학습의 전 과정에서 지식에만 초점을 두고 수업을 진행하는 것이 아니라, 지식, 기술, 태도의 종합적 역량을 함양할 수 있는 수업을 구성하도록 되어 있다는 점이다.

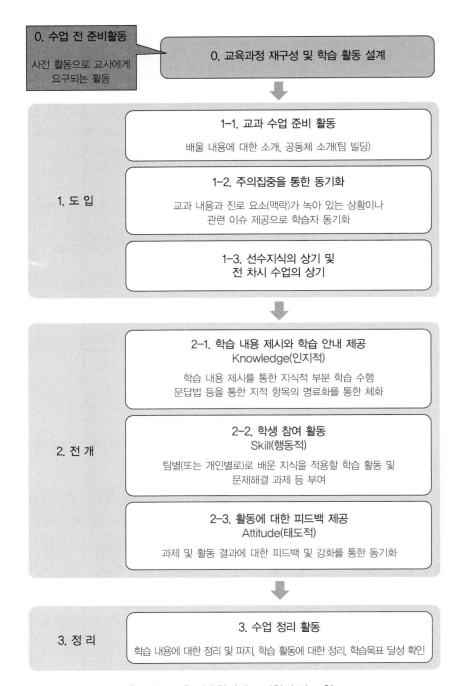

0. 수업 전 준비활동

사전 활동으로 교사에게
요구되는 활동

0. 교육과정 재구성 및 학습 활동 설계

1. 도입

1-1. 교과 수업 준비 활동

배울 내용에 대한 소개, 공동체 소개(팀 빌딩)

1-2. 주의집중을 통한 동기화

교과 내용과 진로 요소(맥락)가 녹아 있는 상황이나
관련 이슈 제공으로 학습자 동기화

**1-3. 선수지식의 상기 및
전 차시 수업의 상기**

2. 전개

**2-1. 학습 내용 제시와 학습 안내 제공
Knowledge(인지적)**

학습 내용 제시를 통한 지식적 부분 학습 수행
문답법 등을 통한 지적 항목의 명료화를 통한 체화

**2-2. 학생 참여 활동
Skill(행동적)**

팀별(또는 개인별로)로 배운 지식을 적용할 학습 활동 및
문제해결 과제 등 부여

**2-3. 활동에 대한 피드백 제공
Attitude(태도적)**

과제 및 활동 결과에 대한 피드백 및 강화를 통한 동기화

3. 정리

3. 수업 정리 활동

학습 내용에 대한 정리 및 파지, 학습 활동에 대한 정리, 학습목표 달성 확인

‖ **그림 1-3** ‖ **자유학기제 교과형 수업 모형**

> **Tips**
>
> ☑ **수업 모형 적용 시 유의사항**
> - 교과형 수업 모형의 성공적인 활용을 위해서는 기존 수업 방식의 문제점을 잘 인식하는 것이 필요함. 교수자 위주의 지식 전달형, 학생들의 무동기, 진도 빼기 바쁜 수업, 학생들 간의 수준차 무고려 등의 많은 요소가 한두 가지라도 해결될 수 있도록 수업을 구성하는 것이 자유학기제 교과형 수업 모형의 핵심임
> - 이를 위해서라면, 가장 먼저 학생들이 무조건 많은 내용을 배우는 것이 아니라, 하나를 배워도 가장 핵심적인 내용을 깊이 있게 체험하면서 정확히 아는 것이 중요함. 그러한 학습 방법으로 가장 좋은 것이 학습자 참여형 수업임

4) 수업 만들기

(1) 0단계: 사전 활동

① 교육과정 재구성

- 기존의 일반 교과를 자유학기제에 맞게 특화하기 위해서는 교육과정 분석과 재구성이 필요하다.
- 교육과정 재구성이란 교과서 내용의 순서를 바꾸거나 타 교과와 무조건 통합하는 것이 아니라, 주어진 학습 주제의 핵심성취기준을 달성하게 할 목적으로 수업을 최적으로 조직하는 것이다.
- 가장 효과적으로 핵심성취기준에 도달할 수 있는 학습 경험을 구성하는 것이 교육과정 재구성의 핵심이다.
- 자유학기제 수업에서는 이 과정에서 진로 요소가 교과 내용과 접목될 수 있으면 더 효과적이다.

② 최적의 학습 활동 설계

- 교사가 해당 주제의 핵심성취기준에 도달하게 하는 가장 효과적인 학습 활

Tips

☑ 교육과정 재구성에 대한 오해

- 교육과정은 교육목표에 도달하기 위한 다양한 경험과 학습 내용을 조직하는 것임
- 그러므로 주어진 교육과정의 교육목표에 맞추어 가르칠 내용, 활동 등을 조직화하는 자체가 교사가 하는 교육과정의 구성 혹은 재구성임
- 그러나 실제 교육 현장에서 일부 교사는 정해진 교수목표에 맞추어 수업 내용 및 활동을 재구성하기보다는 교과서나 교사용 지도서를 그대로 활용하는 경우가 많음. 교과서에 주어진 내용 활동만을 해야 하는 것으로 오해하고 있음. 이는 교과서를 교육과정이라고 오인하는 데서 나타나는 현상임. 교과서나 교사용 지도서는 해당 교육목표를 달성하기 위한 최적의 교육과정 내용의 예시이자 가이드일 뿐임
- 그러므로 자신의 학습자들에게 맞는 최적의 경험이나 활동을 새롭게 구성하고, 교과서에 주어진 내용을 핵심성취목표를 중심으로 적절히 가감할 수 있는 능력이 교육과정 재구성의 기본 개념임
- 단지 수업의 순서를 바꾸는 것, 내용을 빼고 더하는 것, 타 교과와 무조건 통합하는 것이 교육과정의 재구성이 아님을 잘 주지해야 할 것임

☑ 교육과정 재구성이란?

- 주어진 교과 주제에 대해 자신이 가르칠 학생들에게 가장 적절한 예나 활동을 고안하여 학생이 몰입할 수 있는 수업을 하는 것 자체가 교육과정의 재구성임
- 자유학기제 교과교육 교육과정 재구성을 위해서는 다음과 같이 하는 것이 바람직함
  - 맥락을 중시한 현실 교육에 초점을 둠
  - 다양한 경험이 가능한 교육방법을 활용함
  - 실제적 사례 및 문제를 활용함
  - 개념에 대한 정확한 이해를 위해 주입식보다는 발견식 수업을 함
  - 학습자 참여 중심의 체험학습 위주 학습 경험을 구성함

동이 무엇인지 고안하는 단계다.

- 효과적인 학습 활동 고안 및 선정의 준거는 다음과 같다.
  - 생각하는 활동이 수업의 주제 및 핵심성취기준과 부합하는가?
  - 생각하는 활동은 학습자 참여 활동의 설계가 가능한가?
  - 생각하는 활동이 실제적이고 흥미로운가?
  - 생각하는 활동이 지식, 기술, 태도의 고른 발달을 도모할 수 있는 것인가?
  - 선택: 생각하는 활동에 진로 요소를 포함하여 고안할 수 있는가?
- 특별히 교육과정 재구성이 필요하지 않은 차시의 수업의 경우, 해당 주제에 대한 최적의 수업 활동 설계만으로도 학습자들은 훨씬 깊이 있는 학습 경험을 할 수 있다. 예를 들어, 기존의 교과서대로 수업을 진행한다고 하더라도 협동학습을 통하여 조별로 팀원들끼리 서로 가르쳐 주기(reciprocal teaching) 활동을 한다면, 그 경험은 학생들에게 단순한 수업 내용을 떠나 몇 가지의 인성 요소(협력, 책임, 소통 등)와 가르치는 것이라는 진로 요소를 동시에 학습할 수 있는 기회가 될 것이다.

Tips

☑ **학습자 중심(또는 참여) 수업에 대한 오해**

- 교사들은 일반적으로 학습자 중심 수업이 효과적이라고는 인정함
- 하지만 학습자 중심(또는 참여) 수업을 수업의 필수적인 것으로 생각하지는 않음
- 교사들은 특히 기본 개념 및 핵심 지식은 반드시 강의식 수업을 통해 가르쳐야 한다고 생각함

그러나 기본 개념에 대한 학습도 학습자 스스로 발견을 통해 한다면 더욱 오래 기억된다. 또한 기본 개념을 학습자 중심(또는 참여) 활동을 통해 가르치는 활동으로 고안하기 어려울 때는 반드시 배운 내용을 실제 사례에 적용해 보는 활동에 학습자를 참여시키는 것이 좋다(적용의 기회를 주는 것은 수업에 대해 만족감을 느끼게 하는 교수전략이 됨).

(2) 1단계: 도입 활동

① 교과 수업 준비 활동

- 이 단계는 수업의 학습목표를 학생들에게 정확하게 주지시키는 단계다.
- 학습목표는 수업의 이정표와 같은 것이다. 형식적인 학습목표의 제시가 아
  닌, 수업이 끝나고 반드시 성취해야 하는 수행을 기준으로 명확하게 핵심
  성취목표를 제시하여 수업 말미에 학생들이 자신들이 성취목표에 도달했
  는지 확인해 보게 해야 한다. 이를 위해서는 학습자들과 함께 학습목표를
  공유하는 시간이 필요한데, 함께 읽든지 그 목표에 대해 간단한 설명을 하
  든지 하는 방법으로 학생들에게 학습목표를 인지시켜야 한다.
- 협동학습과 같이 기존의 수업과 다르게 수업 방법을 활용하는 경우에는 협
  동학습 방법에 대해 자세한 안내를 하는 것도 이 단계에서 할 일이다.
- 팀 중심의 수업을 할 경우에는 팀 배정을 이 단계에서 해야 한다.

Tips

☑ **팀 구성 방식**

• 사전에 구성원의 속성을 알아야 하는 경우(이질적 혹은 동질적 집단 구성을 원하는 경우)
  – 협동학습의 종류에 따라 집단 구성원의 속성을 미리 알아야 효과적인 경우가 있음. 예를 들면, 이질적인 집단 구성원이 필요한 경우(학습 수준, 선호, 전문성 등의 차이)나 또는 동질적 집단 구성원이 필요한 경우(수준별 수업 등)
  – 이 경우 교사는 사전에 학생들의 학업 수준, 동기나 태도 등의 차이를 분석해 이를 중심으로 수업 전에 미리 팀을 구성할 수 있으므로 준비 시간이 많이 요구됨

• 구성원의 속성이 크게 중요하지 않은 경우
  – 다양한 방법으로 협동학습 팀을 구성할 수 있음
  – 팀 구성 자체가 하나의 동기 증진 활동이 될 수 있음(다양한 놀이 요소를 활용할 것)
  – 가장 쉬운 방법은 앞뒤로 앉은 친구끼리 팀을 구성하는 것
  – 블록제 수업처럼 시간의 여유가 있는 경우는 아래의 다양한 놀이형 팀 구성 방법을 활용하면 학습자의 동기가 상승함

• 다양한 놀이형 팀 구성 방법
  – 색지를 활용하여 같은 색지를 잡은 사람끼리 팀 구성
  – 종이에 같은 숫자가 있는 친구끼리 팀 구성
  – 종이에 글자를 써 두고 연관 글자를 잡은 친구끼리 팀 구성
  – 사탕을 하나씩 돌리고 같은 종류의 사탕을 집은 친구끼리 팀 구성
  – 주변의 낙엽이나 종이를 찢어 아무 조각이나 하나씩 집게 하고(직소 퍼즐의 조각처럼) 이를 모아 하나의 완성품이 만들어지는 학생끼리 하나의 팀을 구성(이 방법은 학생들이 매우 흥미로워하나, 어렵게 조각을 낼 경우 시간이 오래 걸린다는 단점이 있음)

Tips

☑ **학교 현장에서 많이 활용하는 협동학습의 유형**

다양한 협동학습 기법을 수업에 활용하면 교과 내용뿐만 아니라 21세기 핵심역량(의사소통 능력, 대인관계 기술, 협업 기술 등) 및 인성 요소(협업, 책임감, 소통 등)를 교육하기에 좋다.

1. 직소(Jigsaw) I
- 팀에서 각자 다른 부분을 맡은 전문가가 되어 서로 도와주며 학습함
- 일종의 분업 방식
- 맡은 부분을 충실히 학습하지 않은 경우에는 팀 학습에 기여할 수 없는 문제가 발생함. 이를 보완하기 위해 직소 II 방법이 나옴

2. 직소(Jigsaw) II
- 직소 I의 단점을 보완한 방법
- 직소 I과 같은 구조이나, 해당 부분을 맡은 학습자들(전문가들)끼리 모여 교육 및 모임을 한 번 더 하여 충분한 이해를 한 후 원래의 팀에 돌아가 협동학습을 하는 방법임
- 이렇게 함으로써 특정 부분의 학습이 취약해지는 것을 방지함

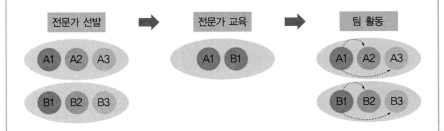

3. 팀 토너먼트

- 팀을 이질적으로 구성(학습 수준 측면에서 상, 중, 하의 학습자가 한 팀)하여 서로 가르쳐 주는 등의 협업을 하게 한 후, 다른 조와 경쟁함
- 각 팀별로 비슷한 수준의 학생끼리 참여 학생을 선발하여 경쟁 실시(상은 상끼리, 하는 하끼리)
- 경쟁에서 이긴 점수를 팀의 점수로 부여하여 팀 점수 합산
- 게임 요소를 접목하여 학습자의 동기를 촉진하기에 좋음

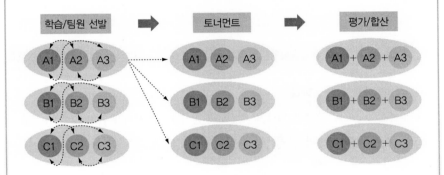

4. 팀성취분배보상 기법(STAD)

- 팀 점수를 공평하게 구성원이 나누어 갖는 기법
- 이질적인 팀원으로 팀을 구성
- 학급 전체에 과제 제시 → 동료교사 형태의 학습 진행 → 개인별 성취 측정 → 팀의 평균적인 성취 결과 측정 → 가장 높은 팀에게 보상
- 초기에 수업 활동의 의의를 잘 설명하는 것이 협동학습 성공의 핵심 요소

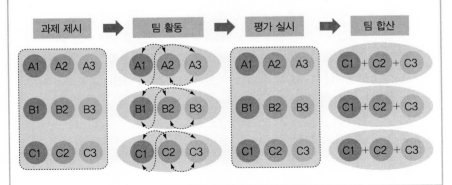

② 주의집중을 통한 동기화

- 수업의 내용과 관련 있는 사례 및 이슈를 제공하여 학습자의 주의집중을 이끄는 단계다.
- 이 과정에서 사례 및 이슈가 수업 내용과 관련 있는 진로 요소를 포함하고 있으면 더욱 좋다.
- 학습자를 동기화시킴으로써 학습 흥미를 느끼게 한다는 점에서 중요한 학습단계다.

Tips

☑ **주의집중을 시키는 방법**

- 켈러(Keller)의 동기이론에 따르면, 학습자의 동기를 증진시키기 위해서는 주의집중 전략을 잘 활용해야 한다고 함
- 다음의 세 가지 방법을 통해 학습자의 주의를 환기할 수 있음
  - 지각적 주의 환기: 교탁 치기, 종치기, "주목"이라는 말 하기, 특별한 행동 등의 지각을 끄는 행위나 요소로 학습자의 주의를 끄는 방법으로, 짧은 기간 학습자들의 주의를 환기할 수 있음
  - 탐구적 주의 환기: 학습자의 내면적 호기심이나 탐구심을 자극하여 주의를 끄는 방법으로, 그날 배울 수업 내용과 관련된 흥미로운 사례 영상 등을 제시하여 호기심이 생기게 함으로써 주의를 환기시키는 방법
  - 다양성 전략: 일상적인 것에서 벗어난 새로움, 기존의 것에 비해 다른 특별한 요소의 도입 등을 통해 학습자의 주의를 끌 수 있음. 예를 들어, 매일 판서 위주의 수업을 하던 교사가 그날은 교구나 매체를 가지고 와 수업을 전개한다면 학생들은 수업에 주의집중을 하게 됨. 요즘은 수업의 초기에 동영상을 보여 주는 것이 아주 흔한 일상 수업의 형태가 되었는데, 이런 경우에 동영상을 보여 주는 자체만으로는 다양성 전략의 효과를 볼 수 없음. 기존 수업의 형태와 다른 요소가 있을 때 학습자들은 주의를 환기하기 쉬움

③ 선수지식의 상기 및 전 차시 수업의 상기

- 수업의 도입 부분에서 마지막으로 할 교수 활동은 그날 배울 내용과 유관한 선수지식을 간단히 확인해 보는 것이다.
- 선수지식을 확인하는 이유는 선수지식이 갖추어지지 않은 경우 학습 결손이 발생하기 때문이다(이전의 내용을 몰라서 오늘 수업이 전혀 이해가 되지 않는 경우 발생).
- 선수지식이 갖추어지지 않았거나 학생들이 잘 상기하지 못하는 경우에는 학생들과 함께 중요한 선수지식을 한 번 짚고 넘어가면 학습 결손을 막을 수 있다.
- 모든 교과 및 단원에서 필요 선수지식이 있는 것은 아니다. 특별히 요구되는 선수지식이 없는 경우에는 지난 차시에 대한 간단한 회상을 통해 전후 수업이 자연스럽게 흐르는 정도로만 진행해도 좋다.

Tips

☑ 선수학습 vs 선행학습

요즘 신문 기사나 뉴스를 보면 학원가 및 일부 학교의 선행학습 관련 기사 및 용어를 흔히 볼 수 있는데, 이러한 용어에 익숙해져 간혹 교사들조차 선수학습과 선행학습을 혼동하여 말하는 경우가 종종 있다. 이에 대해 명확한 구분을 하고 활용하는 것이 교수 활동의 첫걸음이다.

- 선수학습: 학습 내용의 위계가 있는 경우, 다음 학습을 위해 반드시 필요한 내용에 대한 학습을 말함. 예를 들어, 이차방정식을 배우기 위해선 사전에 방정식의 개념을 정확히 알고 있어야 함
- 선행학습: 본 차시의 수업을 해야 할 시기보다 더 빨리 학습하는 것을 말함. 예를 들어, 초등학교 6학년이 중학교 2학년 수학 교육과정을 학습하는 것을 말함

(3) 2단계: 전개 활동

① 학습 내용 제시와 학습 안내 제공

- 본 수업의 기본 또는 핵심 내용 제시
  - 본격적인 본 차시 수업 내용을 전개하는 부분이다.
  - 흔히 교사들은 그날 학습할 내용을 열심히 전달만 하는 것으로 수업을 했다고 생각하는데, 이는 최근 학생 중심 교육의 패러다임에서는 의미 없는 활동이다.
  - 학습의 최고 효과는 학생들이 스스로 의미를 조직할 때 이루어진다. 그러므로 어떤 개념이나 원리를 가르칠 때 무조건 결과를 얘기하기보다 '왜?'라는 질문을 통해 계속 생각해 보게 하는 것이 효과적인 방법이다.
  - 이 단계에서 효과적인 수업 방법은 발문법이다. 다양한 생각이 나올 수 있는 열린 질문을 중심으로 '왜?'라는 질문을 통해 그날의 핵심 내용을

Tips

☑ 학생들 스스로 의미를 잘 조직화할 수 있는 학습 환경

- 학생들이 배우는 내용에 대한 의미 조직을 잘하게 하기 위해서는 인지적 갈등(cognitive conflict)을 잘 활용해야 함
- 인지적 갈등이란 자기가 평소에 알고 있던 것과 다르거나 상식적으로 쉽게 이해되지 않는 부분에 대해 불편함을 느끼고, 이 불편함을 해소하기 위해 '왜 그럴까?' 하는 비판적 사고를 통해 그것을 해결하고자 하는 정신적 상태임
- 학생들이 인지적 갈등을 많이 경험하고 그에 대한 해결책을 찾으려고 할수록, 학습에 집중하고 자신의 지식을 재구조화하는 활동에 더 많이 참여하게 됨
- 무조건적인 지식 전수와 주입이 아닌 생각을 하게 하고, 기존의 바탕에 새로운 것을 자꾸 넣어서 새롭게 학생 자신들의 지식을 구성하게 해 주는 것이 중요함
- 기존의 사고를 확장할 수 있는 갈등 상황을 자주 제공하는 것이 학생들에게 좋은 학습 환경임

전달할 수 있도록 구성하면 가장 좋은 수업이 된다.

- 학습 안내
  - 흔히 교사들은 배우는 내용의 전달이 이루어지면 그날 수업이 다 이루어
    졌다고 생각하는데, 학습 내용을 전달한 후에는 반드시 새로운 정보가 잘
    기억될 수 있도록 학습 안내(인지전략 제시)를 함께 해 주어야 한다.
  - 효과적인 학습 안내는 학생들이 배운 내용을 잘 이해해서 오래 기억하도
    록 하는데, 다양한 암기 전략, 친숙한 예를 통한 명확한 이해 돕기 등이
    이에 해당한다.
  - 배운 내용을 잘 기억하게 하는 것은 전적으로 학생의 몫이 아니라 잘 안
    내하는 교사의 몫임을 주지해야 한다.

② 학생 참여 활동

- 학생 참여 활동 단계는 실제 학습목표로 잡은 기대 행동을 학생들에게 해
  보게 하는 단계다.
- 학생들에게 앞에서 배운 내용을 직접 적용해 보는 기회를 제공해야 한다.

Tips

☑ **학습자 중심 학습 환경에서 교사의 수업 주도 비율**

- 일반적으로 교사들은 지식 내용을 전달하는 것만으로 수업이 이루어졌다고 간주하
  는 경향이 있음
- 학습자 중심 학습 환경에서 가장 중요한 지식의 구성은 학습자에 의해 이루어져야 함
- 이 말의 의미는 무조건 학습자에게 처음부터 끝까지 무엇을 다 하게 하라는 것이 아
  니고, 일반 강의식 수업을 하더라도 꼭 학생들이 참여하여 그것을 적용해 보는 최소
  한의 학습 활동은 있어야 한다는 것임
- 학습 내용의 제시 후 학습자가 배운 내용을 실제로 적용해 볼 기회를 주는 활동에
  참여한다면, 전체 수업에서 교사의 수업 주도 비율은 아무리 높아도 수업의 70% 이
  상을 넘기가 어려움

- 이를 위해 팀별 또는 개인별로 배운 지식을 적용할 학습 활동 및 문제해결 과제를 주는 것이 좋다.
- 지나치게 단순한 지식의 적용 문제보다는 실제 생활과 연관된 문제를 만들어서 제시하는 것이 좋다.
- 자유학기제의 학습자 참여 학습 활동은 실제 생활과의 연계와 더불어 진로 요소를 함께 내포하고 있으면 가장 이상적이다.

③ 활동에 대한 피드백 제공

- 이 단계는 학생들의 수행에 대한 피드백을 통해 학생들이 자신들의 학습에 대해 동기화를 할 수 있도록 하는 단계로서, 앞서 배운 지식을 실제로 수행하고 그것에 대한 강화를 통해 태도를 학습하는 것까지 연계한다.
- 학생들이 무언가를 실제 수행한 다음에는 반드시 즉각적인 피드백을 제공해야 한다.
- 가장 효과적인 피드백은 개인에게 맞춤화되고 즉각적인 피드백이다.
- 개인에게 맞춤화된 피드백을 주기에 교사의 시간이나 여력이 부족하다면

Tips

☑ **다양한 강화 방법**

- 일반적으로 교사들이 가장 많이 활용하는 강화 방법은 정적 강화임
- 가장 대표적으로 흔히 알고 있는 정적 강화 방법은 상을 주는 것인데, 상은 꼭 외형이 있는 것만이 아님(상, 부상, 트로피 등 물리적으로 표현되는 것)
- 청소년기의 학생들에게 효과적으로 활용할 수 있는 정적 강화 방법으로는 타인에게 자신을 인식시키는 것(recognition)이 있음
- 예를 들어, 꼭 어떤 것에 대해 물리적 상을 주지 않더라도, 많은 친구 앞에서 한 번의 칭찬과 그 우수한 수행에 대해 인식시키는 피드백을 주는 것은 한창 자아개념이 형성되는 청소년기에는 특히 효과적인 방법임

전체를 대상으로 수행행동에서 나타났던 점을 피드백하는 것이 좋다.
• 전체적인 피드백에서는 일부 학생의 수행 중 우수했던 부분을 다른 학생들 앞에서 인식시키는 것이 좋고, 일반적으로 학습자들이 잘 범하는 오류를 지적해 주는 것도 좋다.

(4) 3단계: 정리 활동
① 수업 목표 달성 확인
• 수업이 이루어지고 나면 핵심성취목표에 학습자들이 도달했는지를 확인해야 한다.
• 간단한 퀴즈, 문답법 또는 요약 등을 통해 다양한 방식으로 목표 도달 여부를 확인할 수 있다.

② 성 찰
• 자유학기제의 일반 교과 수업은 학습에만 초점을 두기보다는 그것에 대해 학생들이 깊이 성찰하고, 진로와 연계할 수 있는 부분을 스스로 발견하게 하는 데 의미가 있다.
• 배운 내용, 수업 중 했던 활동, 배운 내용과 진로 요소의 연계 등에 대해 자유롭게 성찰해 보게 하는 것이 좋다.
• [그림 1-4]와 같은 성찰 노트 예시를 활용해 볼 수 있다.

성찰 노트

☑ 오늘 배운 내용 중 중요하다고 생각되거나 기억에 남는 부분에 대해 적어 봅시다.

☑ 배운 내용 중 관심 있는 부분은 어떤 부분이었고, 왜 그것에 관심이 가나요?

☑ 오늘 배운 내용과 나의 꿈과 연계될 수 있는 부분은 있었나요?

‖ 그림 1-4 ‖ 성찰 노트 예시

3. 수업 적용 사례

‖표 1-2‖ **교과형 수업 모형의 적용 사례**

교 과	중학교 1학년 수학		
단 원	확률과 통계 (1) 도수분포와 그래프	대 상	중학교 1학년
핵심성취기준	• 수94011. 줄기와 잎 그림, 도수분포표, 히스토그램, 도수분포다각형 　을 이해하고 해석할 수 있다. • 수94012. 도수분포표로 주어진 자료의 평균을 구할 수 있다. (* 수94011과 수94012는 도수분포표를 다루면서 함께 지도할 수 있다.)		

1) 사전 활동

단 계		주요 활동	비 고
		교수 활동	
사전 활동	교육 과정 재구성	• 교과서의 내용대로라면 줄기와 잎 그림, 도수분포표, 히 스토그램, 도수분포다각형, 그리고 도수분포표로 주어진 자료의 평균 구하기 등의 교과서 내용 차례로 학습이 이 루어져야 하지만, 이것을 핵심성취 두 가지로 종합하고, 두 핵심성취기준을 통합하여 학습자 활동 위주로 가르칠 것을 교사가 결정한다. • 또한 이 과정에서 교사가 교사용 지도서의 수업 차시가 아닌 활동 위주로 수업 차시 등을 유연하게 편성한다. 블 록제 수업 등을 통하여 수업 시간을 일반 수업 시간보다 늘려 수업을 할 수도 있다. • 이 과정에서 확률과 통계라는 수학적 지식 내용 이외에 확률과 통계를 통한 진로 영역에 대한 요소도 포함해 학 생들에게 진로안내를 하기로 한다.	이 단계 는 주로 교수자 의 수업 준비 활동 단계임

단 계		주요 활동	비 고
		교수 활동	

	최적의
	학습
	활동
	설계
		• 각각 분절된 내용으로 핵심성취기준 수94011과 수94012를 달성하는 것이 아니라, 하나의 종합적 학습자 중심 수업 활동을 통해 핵심성취기준에 도달하는 활동을 만들고자 한다.
		• 최적의 학습 활동 설계
		  – 조별로 주제를 정해서, 학급 친구들의 다양한 실제 자료를 수집(키, 몸무게, 한 달 용돈, 오락하는 시간 등)하도록 하고, 그 자료로 도수분포표 만들기 및 평균 구하기 등을 연계해서 배우기
		  – 이를 통계자료로 활용해 기사를 작성하는 것처럼 해서, 기자 및 자료분석가 등의 진로를 연계해서 교육할 수 있는 통합적 학습 활동을 설계	

2) 본 수업 활동

교 과	중학교 1학년 수학			
단 원	확률과 통계 (1) 도수분포와 그래프	대상	중학교 1학년	
핵심성취기준	• 수94011. 줄기와 잎 그림, 도수분포표, 히스토그램, 도수분포다각형 　을 이해하고 해석할 수 있다. • 수94012. 도수분포표로 주어진 자료의 평균을 구할 수 있다. (* 수94011과 수94012는 도수분포표를 다루면서 함께 지도할 수 있다.)			
단 계	주요 활동			필요 자원
	교수 활동		학습 활동	
도 입	수업 준비 활동	• 본 수업은 조별 수업 활동 을 할 것이다. 4인 1조의 팀을 구성하고 이 과정에 서 흥미를 유발하게 하기 위해서 종이에 1~10의 숫자를 써 두고 하나씩 가 지게 하여 종이에 적힌 숫 자가 같은 학생끼리 4인 1 조가 되는 간단한 활동을 하고, 조별로 자리를 배치 한다. • 조를 배정하는 소란스러 움이 끝나면, 교실을 정숙 하게 한다. • 학습목표를 소개하고, 수 업을 마친 후 자신들이 무 엇을 할 수 있어야 하는지 학생들에게 주지시킨다.	• 교사로부터 숫자가 적힌 종이를 한 장씩 받고, 같은 번호가 적힌 학생끼리 4인 1조로 조를 만든다. • 교사가 소개하는 학습목 표를 집중하여 숙지한다.	조 배정 을 위한 숫자가 적힌 종이

단계	주요 활동		필요 자원
	교수 활동	학습 활동	
주의 집중을 통한 동기화	• 신문 기사(우리나라 중학생의 평균 수면 시간 분포가 나온 기사)의 내용을 소개하고 이러한 기사 작성을 위한 자료를 어떻게 수집하겠냐는 질문을 던진다. • 자료를 수집해서 정리하는 방법, 그리고 이런 일을 하는 진로에는 어떤 것이 있겠냐고 발문한다. • 학생들이 말한 진로 이외에 자료 수집과 관련된 진로의 다양성을 간단히 소개함으로써, 학생들의 주의를 집중시켜 동기화시킨다.	• 학생들은 이에 대한 자신들의 다양한 견해를 말한다. • 학생들은 기자, 통계전문가, 자료수집가, 연구자 등의 진로와 관련된 자신들의 견해를 말한다.	신문 기사 PPT 또는 동영상
선수 지식 및 전 차시 상기	• 수업을 배정하기에 따라 본 수업을 하기 전에 줄기와 잎에 관한 수업을 하고 온 경우, 지난 시간 학습한 것을 간단히 상기한다. • 본 수업의 경우, 수업의 활동에서 요구되는 선수지식은 평균 구하기 정도가 있는데, 간단히 평균 구하는 법을 다 알고 있는지 함께 상기해 보는 것으로 확인하고 넘어간다.	• 교사의 질문에 따라 이전 차시에서 배운 것 및 선수지식을 상기한다.	

단계		주요 활동		필요 자원
		교수 활동	학습 활동	
전개	학습 내용 제시와 학습 안내	• 교사가 도수분포표, 히스토그램, 도수분포다각형이 무엇인지 교과서의 예를 가지고 하나씩 자료를 그려 가며, 그 개념을 설명한다.	• 기본 개념에 관한 설명을 듣고, 모르는 것이 있으면 질문한다.	
		• Tip • 일반적으로 강의식 수업일 경우, 이 단계는 개념에 대한 자세한 안내와 구체적인 사례 등을 통해 학생들의 기억이 장기기억에 잘 저장되도록 하는 것이 좋으나, 자유학기제 교과 수업 모형에서는 학생들이 직접 수행하는 과정을 통해 배우는 것에 더 초점을 두기 때문에 이 단계를 너무 오래 설명하지 않고 핵심 개념 설명과 실례를 보여 주는 정도로 진행한다.		
	학생 참여 활동	• 교사는 학생들이 배운 내용을 직접 적용하며, 학습을 다질 수 있는 과제로 다음과 같은 실제적인 것을 제시한다.		
		〈나는야 우리 학교 교내 신문 기자〉 자신이 우리 학교 신문 편집장이라고 가정하자. 우리 학교 학생들이 관심 있어 하는 자료를 조사하여 인기 기사를 쓰려고 한다. 다음의 과정을 거쳐 최종 평균을 이용하여 기사를 작성하라. 1. 조별로 관심 있는 자료수집 주제를 정하기(예: 친구들의 몸무게, 키, 신발 크기, 한 달 용돈 등) 2. 40명의 반 친구로부터 자료를 모으기 3. 모은 자료로 도수분포표 만들기 4. 히스토그램, 도수분포다각형 그리기 5. 도수분포표에서 평균 구하기 6. 평균값, 히스토그램 등을 활용하여 신문기사 작성하기		1~6 단계별 활동지

단계		주요 활동		필요 자원
		교수 활동	학습 활동	
		• 교사는 각 단계를 효율적으로 수행할 수 있도록 활동지를 만들어서 제시한다. • 이 과정에서 교사는 지속적으로 조별로 돌며 학습 촉진자의 역할을 한다. • 특히 부진한 조에서는 기본 개념에 대한 설명 등을 추가하여 낙오되지 않고 모두 활동에 잘 참여할 수 있도록 지도한다.	• 교사가 준 활동지를 활용하여 한 단계씩 조별로 활동을 수행한다. • 교사의 도움이 필요한 조는 손을 들어 조별로 도움을 요청한다.	
	과제 발표 및 피드백 제공	• 조별로 자료 수집 및 정리한 것을 기사로 만든 최종 산출물을 발표하게 한다. • 다른 조의 발표에 대해 동료평가표([부록 1-1] 참조)를 이용하여 동료 피드백을 하게 한다. • 동료 피드백 후에 교사는 오류 및 장단점을 중심으로 종합적인 피드백을 한다. • 교사의 피드백에는 교과 내용에 대한 부분과 함께 이러한 작업이 자료를 수집하고 정리하는 진로와도 연계된다는 것을 곁들여 준다.	• 각 조별로 자신들이 자료 수집 및 정리를 한 것을 토대로 기사를 만들고 이를 발표한다. • 교사가 제공한 동료평가표와 그에 있는 준거(자료 정리과정의 정확성, 기사 내용의 흥미로움 등)를 이용하여 동료 피드백을 남긴다.	동료 평가지
정리	수업 목표 달성 확인	• 교사는 수업의 마무리 단계에서 오늘 배운 내용이 무엇인지 학생들과 함께 다시 요약해 본다.	• 수업의 주요 내용을 교사와 함께 요약한다.	

단계	주요 활동		필요 자원
	교수 활동	학습 활동	
	• 학습 초기에 제시한 핵심 성취기준을 다시 보여 주고, 그 두 가지 목표를 다 달성했음을 스스로 확인해 보라고 학생들에게 제안한다. • 이 과정을 통해서 학생들은 매 시간 자신의 학습목표를 세우고, 마지막에 달성도를 점검하는 습관을 만들 수 있도록 한다.	• 내 자신이 핵심성취기준에 도달했는지 스스로 점검해 본다.	
성찰	• 배운 내용 중에 중요하거나 기억에 남는 부분, 관심 있는 부분, 배운 내용과 나의 꿈과 관련되는 부분이 무엇인지 성찰 노트를 작성하게 한다. • 교사는 성찰 노트 작성 후 이를 걷는다(성찰 노트 내용을 교사가 걷어가서 확인하면, 학생들이 이해한 부분 또는 잘 이해하지 못한 부분, 흥미로워하는 부분, 그리고 진로에 대한 생각 등을 파악할 수 있어 다음 수업을 하는 데 많은 도움이 됨). • 다음 차시에 대한 안내를 해서 다음 수업에 대한 기대를 가지게 하고 수업을 마무리한다.	• 교사의 지시에 따라 성찰 노트를 작성한다. • 교사의 다음 차시 예고를 듣고 다음 수업에 대한 기대감을 가진다.	

부록 1-1   최종 발표물에 대한 동료평가지

- 다음과 같이 구체적으로 평가해야 하는 학습 요소를 제시하여 활용 가능하다.
- 동료평가를 통해 학생들은 구체화된 평가 내용을 활용하여 평가해 봄으로써, 공부해야 하는 요소를 정확하게 인지하게 되어 궁극적으로는 자신의 학습에도 도움을 받을 수 있다.
- 이 동료평가지는 교사의 조별 평가에도 활용 가능하다.

조명	평가준거	구체적 평가 내용	평가 ○	평가 ×	하고 싶은 말
1조	정확성	40개의 주제를 잘 모았다.			
		도수분포표가 정확히 만들어졌다.			
		히스토그램이 정확히 그려졌다.			
		도수분포다각형이 정확히 그려졌다.			
		도수분포표에 평균이 표시되었다.			
		평균값, 히스토그램 등을 활용하여 신문기사를 작성하였다.			
	흥미로움	자료 수집의 주제가 흥미롭다.			
		신문기사의 내용이 흥미롭다.			
2조	정확성	40개의 주제를 잘 모았다.			
		도수분포표가 정확히 만들어졌다.			
		히스토그램이 정확히 그려졌다.			
		도수분포다각형이 정확히 그려졌다.			
		도수분포표에 평균이 표시되었다.			
		평균값, 히스토그램 등을 활용하여 신문기사를 작성하였다.			
	흥미로움	자료 수집의 주제가 흥미롭다.			
		신문기사의 내용이 흥미롭다.			

조 명	평가준거	구체적 평가 내용	평 가		하고 싶은 말
			○	×	
3조	정확성	40개의 주제를 잘 모았다.			
		도수분포표가 정확히 만들어졌다.			
		히스토그램이 정확히 그려졌다.			
		도수분포다각형이 정확히 그려졌다.			
		도수분포표에 평균이 표시되었다.			
		평균값, 히스토그램 등을 활용하여 신문기사를 작성하였다.			
	흥미로움	자료 수집의 주제가 흥미롭다.			
		신문기사의 내용이 흥미롭다.			

제2장 **교과 융합형 수업 모형**

 개 관

    자유학기제에서는 학생들의 미래 역량 강화를 위해 교과 간의 융합·통합 수업을 강조하고 있다. 이 장에서는 기본 교과 수업에서 자유학기제에 맞게 교과 융합형 수업을 어떻게 변형하여 할 수 있는지에 대해 다룬다.

    교과 융합형 수업은 자유학기제 교육과정에서 주로 오전의 '공통과정'에 편성 및 운영되고 있으며 국어, 사회, 도덕, 수학, 과학, 기술·가정, 체육, 예술(음악, 미술), 영어 및 선택 교과 등 국가 교육과정에 제시된 기본 교과로 이루어진다. 이러한 공통과정에서의 융합형 수업은 교육과정을 재구성하여 자유학기제 동안 모든 학교생활에 포함되는 기본 교과 간, 교과 내에 융합·연계하는 등의 다양한 형태로 이루어진다. 교과 융합형 수업은 교육과정 재구성과 더불어 교육 방법에서도 문제해결, 의사소통, 토론, 실험, 실습, 현장 체험, 프로젝트 학습 등의 활동을 중심으로 수업을 진행한다는 특징이 있다.

예를 들어, 재활용품을 활용한 환경교육이라는 융합 주제를 가지고 국어, 기술·가정, 음악 교과에서 관련 단원을 찾아 국어 시간에는 토론을, 기술·가정이나 음악 시간에는 실습 활동과 연계하여 자유롭게 융합교육을 시도할 수 있다. 또한 학교나 지역사회의 특징을 고려한 통합 주제를 가지고 각 교과의 융합을 진행할 수도 있다.

기존 교과 융합		자유학기제 교과 융합형
• 국가 교육과정에 제시된 기본 교과의 공통 개념과 기능을 융합 • 교과서 내용과 분량을 우선시		• 모든 학교생활에 포함되는 교과를 재구성하여 다양한 융합을 시도 • 문제해결, 의사소통, 토론, 실험, 실습, 현장 체험, 프로젝트 학습 등 학생 참여와 학생 활동 중심의 수업으로 자유롭게 진행

‖ **그림 2-1** ‖ 기존 교과 융합과 자유학기제 교과 융합형의 차이

Tips

☑ **자유학기제 융합·연계 수업 시 유의사항**

• 자유학기제의 융합·연계 수업을 위해서는 교사 간의 협력적 풍토 형성이 필수

• 학생 수준에 따라 학기 초에는 수업 방법에 적응하는 기간 필요

• 개별 학생의 수준을 고려하여 개별 상담, 과제 부여, 별도 프로그램 운영 등 다양한 방안 구축 필요

• 학생 중심 활동 후 토론, 질의응답, 정리 시 학생들이 사고하는 과정을 익힐 수 있도록 하는 심도 있는 질의응답 시간과 답변을 기다려 주는 시간 필요

• 현장 체험의 경우 일회적 활동으로 그치지 않도록 체계적 계획과 사전 연수가 필요하고, 교과와 연계된 발표, 토론, 포트폴리오 작성 등 사후 활동 및 평가와 연계되도록 구성해야 함

교과 융합형 수업의 유형에는 주제통합 수업, 교과중점 STEAM 프로그램 수업, 창의 인성 덕목 교육을 위한 융합형 수업, 예체능 핵심역량 함양을 위한 융합 수업 등이 있다.

‖표 2-1‖ 교과 융합교육과정의 유형

분류	내용
주제통합 수업	• 주제를 중심으로 중복된 내용을 통합하는 것. 통합수업 주제가 결정되면 그와 관련된 교과내용을 정리한 후 그 외 내용을 적절하게 배치
교과중점 STEAM 프로그램 수업	• 과학, 기술, 공학, 예술, 수학 교과 간의 통합적인 교육 방식을 의미하고 이를 통해 과학기술에 대한 생각들의 흥미와 이해를 높이고 나아가서는 융합적 소양과 실생활의 문제해결을 배양하는 교육 • STEAM 교육 유형은 교과 내 수업형(한 교과 중심), 교과 연계 수업형(주제 중심), 방과후 학교 활용형(주제 중심 교육과정 재구성)으로 나눌 수 있음
창의 인성 덕목 교육을 위한 융합형 수업	• 자아정체감, 정직, 책임, 존중, 배려, 공감, 소통, 협동 등의 인성 덕목을 활용하여 융합형 교육을 실시
예체능 핵심역량 함양을 위한 융합 수업	• 예체능, 인문, 사회 영역에서 공통적으로 요구되는 자기이해능력, 자기관리능력, 창의적 문제해결력, 정보활용능력, 의사소통능력, 윤리적 실천능력, 분석적/비판적 사고력, 진로개발능력의 기본 핵심역량을 바탕으로 융합형 교육을 하는 것

2. 교과 융합형 수업 모형

1) 철학적 기반

교과 융합형 수업 모형은 다음과 같은 교육철학에 기반을 둔다.

☑ **행함으로써 배움**: 자유학기제 교과 융합형 수업은 '행함으로써 배운다 (learning by doing)'라는 학습 원리를 근간으로 한다. 이를 위해 현장의 실천적 문제를 중심으로 팀 기반 학습을 통해 학생이 직접 참여하는 방식과 이 과정에서 학습이 이루어지는 것을 강조한다.

☑ **학습자 중심 수업**: 자유학기제 교과 융합형 수업은 학습자 스스로 문제점을 발견하고 문제를 해결하며 새로운 지식을 창출해 내는 능력을 키워 갈 것을 강조한다. 학습자들이 과제를 중심으로 모여 보다 적극적으로 논의하고 구체적인 결과물을 이끌어 낸다. 이 과정에서 각자 또는 전체가 팀워크를 바탕으로 실패의 위험을 안고 실제 문제를 정해진 시점까지 해결하는 동시에 문제해결 과정에 대한 성찰을 통해 학습이 가능한 학습자 중심 수업을 추구한다.

2) 추구 목표

교과 융합형 수업은 학습자들이 폭넓은 기초 지식을 바탕으로 다양한 전문 분야의 지식, 기술, 경험을 융합적으로 활용하여 새로운 것을 창출하는 창의인재 핵심역량을 함양할 것을 목표로 하고 있다. 이 수업 모형에서는 다양한 분야의 지식과 경험을 융합하여 창의적으로 문제를 해결하고 새로운 상황에 능동적으로 대처해 나갈 수 있는 학습자를 기대한다.

‖표 2-2‖ 교과 융합형 수업 모형의 성취목표

역 량	세부 역량	성취목표
창의 인재 양성	꿈 · 끼	학교, 지역사회의 다양한 자원과 연계하여 자신의 꿈과 끼를 살리고 상상력과 창의력을 발현할 수 있다.
	융합 · 전문	깊이 있는 전문 지식을 기반으로 다양한 분야를 접목하여 새로운 창의성을 발현할 수 있다.
	도전	다양한 교육활동을 통해 패기와 열정을 가지고 자신의 꿈을 달성해 나갈 수 있다.
	글로벌	소통과 협력, 네트워크 능력을 갖추고 글로벌 창의 · 도전 정신을 키울 수 있다.
	평생학습	새로운 지식을 흡수하고 끊임없이 자기계발을 해 나갈 수 있다.

3) 수업 모형의 구조

교과 융합형 수업 모형은 교사, 학생, 동료 교사, 학부모 등의 협업과 도움이 필요한 수업 전 활동과, 교사와 학생의 활동이 주가 되는 수업 중 · 후 활동으로 나누어진다.

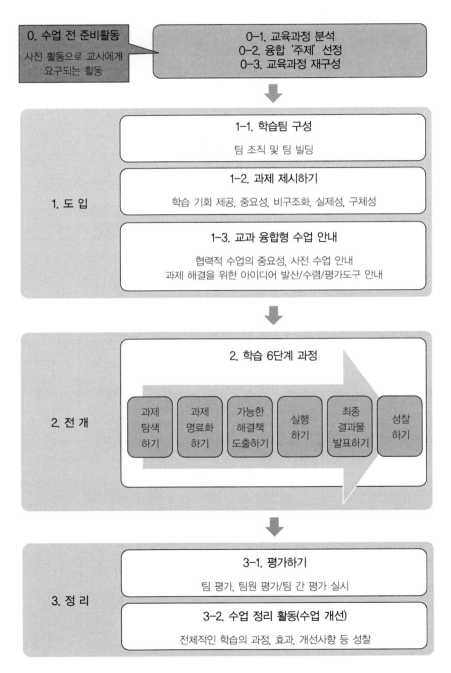

‖그림 2-2‖ 교과 융합형 수업 모형

4) 수업 만들기

(1) 0단계: 사전 활동

새 학기가 시작한 후에 융합교육 계획을 짜는 것은 과중한 업무와 수업으로 인해 쉽지 않다. 효과적인 교과 융합형 교육이 되기 위해서는 교육과정 재구성은 학기가 시작하기 전 11월에서 12월 중에 미리 계획안을 짜 놓는 것이 좋다.

사전 활동인 계획 단계에서는, 먼저 융합 교과 수업을 실현하기 위해 참여 교사들 간의 협업이 필요하므로 협의체(공동체)를 구성하여 자발적인 참여를 이끌고 교과목 간의 연결을 이끌어 나갈 수 있도록 한다. 수업 만들기는 자신의 교과 교육과정 분석, 융합 주제 정하기, 교육과정 재구성 등의 순으로 이루어질 수 있다.

① 교육과정 분석

융합 가능한 교과 내용을 분석한다. 각 교과 담당 교사들이 자신의 해당 교과서, 교사용 지도서를 분석한다. 교과서를 보고 융합의 대주제나 소주제에 맞는 내용을 교과에서 추출하고, 각 단원에 어떠한 융합적인 요소가 있는지 살펴본다.

② 융합 주제 선정

융합 '주제'는 학교 교육의 비전과 다른 학교 및 학년 주체 등을 고려하여 교과서 내용에 기초한 주제, 탈교과적 주제 등으로 다양하게 선정한다. 자유학기제에 해당하는 학년의 핵심 주제를 중심으로 단계별 교육과정을 집중적으로 운영한다. 학습목표에 부합하는 내용을 습득할 수 있는 적절한 과제가 들어 있는 주제로 선정한다.

> **Tips**
>
> ☑ **단계적인 융합 주제 결정 방법**
> - 교육과정부(전체 교사)에서 진행하는 공식적인 브레인스토밍을 먼저 실시
> - 학년별로 구성된 교사 동아리나 다양한 수업 방법을 공부하는 학습공동체(협의체) 모임을 통해 융합 주제에 대한 자유로운 의견을 교환함. 한 주제에 대해서 동시다발적으로 브레인스토밍을 실시
> - 이러한 여러 차례의 협의를 통해 교사들이 함께 진행하고 싶은 융합 수업의 주제를 논의함. 프로젝트 수업, 토론수업, 협동학습 등 다양한 수업 방법과 평가 방법에 대해서도 논의함

③ 교육과정 재구성

교과 융합형 수업을 활성화하기 위해 핵심성취기준을 중심으로 하여 창의 융합형 수업을 활성화할 수 있는 방향으로 재구성한다. 그리고 교사협의회나 공동체 등을 통해 합의한 결과를 가지고 자신의 교과에서 가르치는 내용을 재구성하여 순서를 바꾸거나 교과 내용, 활동, 수업 시기, 평가 방법 등을 조정해 진도계획을 구성하고 교육방법을 결정한다. 교육과정 재구성을 통해 가르치는 내용을 재배열하고 참여한 교사들이 협력을 통해 연계성 있는 수업을 진행하도록 한다.

> **Tips**
>
> ☑ **교육과정 재구성 시 고려사항**
> - 국가 수준 교육과정의 성취기준을 중심으로 하여 창의 융합형 수업을 활성화할 수 있는 방향으로 재구성
> - 시사성, 지역성, 즉 학교 교육 여건 고려
> - 학생 특성을 고려한 교수법 적용
> - 교과 간 교육과정을 이해하고 지도 시기, 순서, 주제 통합 등을 고려하여 교과 내 재구성 학습, 교과 간 재구성 학습, 주제 연계, 주제 통합, STEAM 교육 중 결정

또한 교육과정을 재구성하면서 각 교과에 융합 수업을 하기 위해서 연계 수업 활동을 생각해 볼 수 있다. 각 교과 내에서 다양한 학습 활동을 가지고 융합교육을 수행할 수 있다. 교과 간 융합교육과 연관된 수업 활동의 예시는 〈표 2-3〉과 같다.

‖표 2-3‖ 융합교육과 연관된 수업 활동 예시

교 과	학습 활동
국어 · 사회	주제와 연관된 글쓰기, 뉴스 만들기, 기사 쓰기, 시나리오 대본 읽기 및 쓰기 등
영어	영어 독서, 각종 영어 신문기사, 연설문 자료 활용, 영어 리뷰 쓰기 등
미술	뮤지컬 무대 디자인 및 소품 만들기, 벽화 그리기 수업, 포스터 등
음악	라디오 만들기, 랩 만들기 등

(2) 1단계: 도입 활동

① 학습팀 구성

교육 참여자가 소집단을 구성하여 각자 또는 전체가 팀워크를 바탕으로 과제를 해결하므로 교과 수업 준비 활동에 팀 조직과 팀 빌딩이 필요하다. 팀 조직 시에는 성격검사, DISC, 진로탐색검사 등을 활용하여 각자 다른 성향을 지닌 사람으로 이질적인 집단이 될 수 있도록 묶어 준다. 팀 과제를 해결하기 위해서는 팀원들의 적극적인 참여가 필요하므로 팀원들이 서로 친근하고 편안하게 느끼게 하기 위해서 '마음 열기'로 아이스 브레이크(Ice-Break) 활동을 실시한다. 아이스 브레이크 방법으로는 현재 자신의 대표 감정을 말하는 감정 나누기, 상대방 어깨 주물러 주기, 자기소개, 상대방 얼굴 그림 그리기 등이 있다.

Tips

☑ 아이스 브레이크 활동 시 주의사항

• 아이스 브레이크는 최대 5분을 넘지 않도록 함

• 참석자들의 분위기, 성격, 특징에 어울리는 것으로 함

• 가능하면 수업 내용과 주제에 연관되는 것으로 하는 것이 좋음

팀원 간의 서먹한 분위기를 없애고 팀 활동을 효과적으로 이루어지게 하기 위해서 팀 빌딩을 실시한다. 팀 빌딩 활동으로는 팀 이름 만들기, 팀 부호 만들기, 모든 팀 구성원이 자발적으로 지키기 위한 구체적인 그라운드 룰(ground rule) 만들기 등이 있다.

Tips

☑ 그라운드 룰의 예시

- 타인의 의견을 존중
- 자신의 역할이 정해졌으면 역할에 충실히 임함
- 과제를 즐겁고 재미있게 수행
- 시간 엄수

---

② 과제 제시하기

융합교육과정의 도입 활동에서 가장 먼저 할 일은 과제 제시하기다. 학습자들은 과제 해결 과정에서 학습을 하므로 과제는 학습을 위한 의미 있는 기회를 제공해야 한다. 과제의 기준은 학습 기회를 제공하는 것, 개인이나 조직에 중요

Tips

☑ 과제의 기준

- 과제는 학습목표에 부합하는 내용을 습득할 수 있는 기회를 제공해 주는 것이 좋음
- 과제는 개인이나 조직에 중요한 것이 좋음. 과제가 중요할수록 학습자는 열정과 관심을 가지고 더욱 몰입하게 됨
- 다양한 해결 경로와 해결안을 가질 수 있는 비구조화된 과제가 좋음
- 학생들의 흥미를 유발하기 위해 실제 상황에서 해결할 수 있는 것이 좋음
- 과제는 유형의 결과뿐만 아니라 행동의 변화나 관계의 변화 등 무형의 결과물을 포함할 수 있음

한 것, 비구조화된 것, 실제의 것, 구체적인 결과물이 있는 것이다.

　해당 교과목이 가진 교육목표의 특성에 따라서 과제의 조건을 고려하여 과제를 제시한다. 제시한 조건을 모두 만족해야 하는 것은 아니지만, 실제적이고 구체적인 결과물이 나올 수 있는 교과 융합형 모형에 부합하는 초·중등학교 과제 예시는 〈표 2-4〉와 같다.

‖ 표 2-4 ‖ 과제 예시

과 목	과제명	산출물
국어	공동소설 쓰기(위키 등 활용)	완성된 소설 및 독자평(우리 반 또는 다른 반 학생들의 의견)
사회·영어	'독도는 우리 땅'을 알리는 블로그 운영	독도는 우리 땅에 대한 글 작성 및 외국인이 작성한 것을 포함한 댓글들
미술	학교 벽면이나 일정 공간에 그림 그리기, UCC 만들기	학교 벽면 또는 일정 공간에 그려진 벽화, UCC
국어·영어	자서전 쓰기	자신 또는 타인에 대한 자서전

③ 교과 융합형 수업 안내

　교과 융합형 수업에서는, 먼저 협력(학습팀) 중심의 학습이 이루어지는 것을 강조하고 사전에 수업 목표, 진행 절차 및 평가 방법 등을 안내한다. 이를 통해 수업이 어떻게 진행되는지에 대해 명료하게 설명해 준다.

Tips

☑ 수업 안내

- 수업의 특징 안내
- 과제 수행 방법과 절차 안내
- 학습자의 태도와 역할 안내
- 평가 및 기준 안내

또한 과제를 해결하기 위해서 창의적이고 다양한 아이디어를 도출해 내고 그러한 아이디어에서 적절한 대안과 아이디어를 선택하여 과제를 해결하기 위한 효과적인 학습도구를 안내한다. 효과적인 학습도구에는 무엇이 있는지 알아보면 다음과 같다.

첫째, 과제 해결을 위해서는 창의적인 아이디어를 도출해야 한다. 다양하고 창의적인 아이디어를 도출하기 위한 방법으로는 브레인스토밍(Brainstorming), 브레인라이팅(Brainwriting), 라운드 로빙, 여섯 색깔 모자 기법 등이 있다. 이 중에 주제에 대해 생각나는 대로 자유롭게 발상하여 아이디어를 생각해 내는 방법인 브레인스토밍은 오스본(Osborn, 1930)이 제안한 것으로, 3인 이상이 모여 하나의 주제에 대해 자유롭게 의견을 제시하는 기법이다. 브레인스토밍은 다른 기법과 다르게 집단 사고가 가능하며 풍부한 아이디어 리스트를 얻을 수 있어 많이 활용되고 있다(장경원, 고수일, 2014).

‖ 그림 2-3 ‖ 창의적인 아이디어 도출을 위한 브레인스토밍

Tips

☑ 브레인스토밍의 일곱 가지 원칙

원칙	내용
판단 미루기	지금 시점에서 나쁜 아이디어라는 것은 없다. 나중에 충분히 걸러 낼 수 있는 시간이 있다.
과감한 아이디어들을 장려하기	비록 그 아이디어가 비현실적으로 보이더라도, 다른 사람이 그것을 바탕으로 훌륭한 아이디어를 낼 수 있다.
다른 사람들의 아이디어 위에 덧붙이기	'……하지만'이라고 생각하지 말고, '……하고 거기에 더해'라고 생각해 본다.
주제에 집중하기	세션에서 더 많은 것을 끌어내기 위해서, 브레인스토밍 질문을 눈에 띄는 곳에 둔다.
한 사람씩 이야기하기	모든 아이디어는 향상될 가능성이 있기 때문에 들을 만한 가치가 있다. 다양한 아이디어를 들어보자.
시각화하기	아이디어를 글로 쓰는 대신에 그림으로 그려 보는 것도 좋다. 단순한 스케치가 몇 마디 말보다 더욱 많은 것을 이야기해 줄 수 있다.
양을 추구하기	최고의 아이디어를 찾는 가장 좋은 방법은 많은 아이디어를 내보는 것이다. 불가능해 보이는 목표 수치를 정하고 그것을 능가하는 아이디어를 낼 수 있도록 한다.

출처: IDEO(2014).

둘째, 다양한 아이디어에서 적절한 대안과 아이디어를 선택하기 위해서는 의사결정 도구가 필요하다. 의사결정 도구에는 빈도와 강도, 중요도, 기대 효과, 실행 용이성 등의 기준에 따라 결정하는 '의사결정 그리드', 좋은 점과 나쁜 점 그리고 흥미로운 점을 찾아 발상의 줄기를 만들어 가는 '좋은 점, 나쁜 점, 흥미로운 점(Plus, Minus, Interesting: PMI)', 미리 정해 놓은 기준에 따라 평가하는 '평가 행렬법' 등이 있다.

Tips

☑ 의사결정 도구: 좋은 점, 나쁜 점, 흥미로운 점(PMI)의 진행 순서 및 예시

- Step 1: 좋은 점, 나쁜 점, 흥미로운 점(PMI)의 의미를 학습자에게 설명
- Step 2: 도출된 아이디어 확인
- Step 3: 각 아이디어의 좋은 점(P), 나쁜 점(M), 흥미로운 점(I)을 각각 작성

아이디어	
좋은 점(Plus)	
나쁜 점(Minus)	
흥미로운 점 (Interesting)	

- Step 4: 각 아이디어에 대한 좋은 점, 나쁜 점, 흥미로운 점(PMI)의 내용을 논의하거나 투표하여 아이디어 선택

마지막으로 일련의 논리적이고 체계적인 과제를 해결하기 위해서는 과제 해결 도구와 방법이 필요하다. 과제를 해결할 수 있는 도구에는 블랭크 차트(Blank Chart), 로직트리(Logic Tree) 등이 있다.

Tips

☑ 블랭크 차트 기법

• 빈칸이 있는 차트를 활용해 최종 결과물의 목차, 표현 방법을 대략적인 이미지로 먼저 작성하고 이를 완성하기 위해 자료를 수집해 결과물을 완성해 나가는 기법

• 목적에 따라 거미줄도, 주제도, 문제와 해결책도, 문제-해결책 개요도 등 다양한 그래픽 조직자를 활용해 과제를 해결하는 데 사용

• 파워포인트의 그래프, 차트, 사진, 동영상 등을 활용해도 좋음

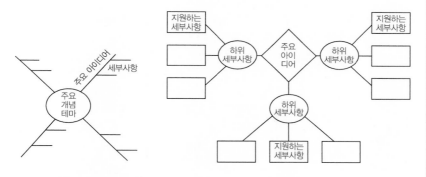

기술 또는 거미줄도
아이디어나 각 세부 요소들을
제시할 때 사용

주제도
포괄적인 정보나 위계적 정보를 제시할 때 사용

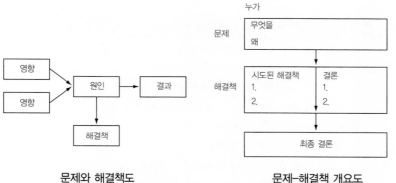

문제와 해결책도
원인과 결과를 제시할 때 사용

문제-해결책 개요도
문제에 대한 다른 해결안을
비교할 때 사용

Tips

☑ **로직트리 기법**

- 논리적으로 상위개념과 하위개념을 분리해 나가는 방식
- 파워포인트의 차트, 그래프, 사진, 동영상 등을 활용해도 좋음

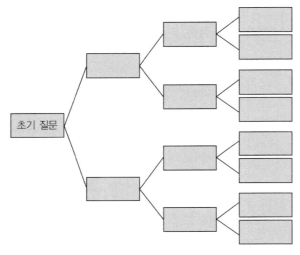

로직트리의 기본 틀

- 목적에 따라 What Tree, Why Tree, How Tree로 나뉨

기 법	내 용
What Tree	• 과제의 전체 구성을 알아보거나 체크리스트를 작성할 때 하는 방법 • ~의 구성요소는?, ~의 체크리스트는? • 예: 주변 환경문제, 봉사 활동의 종류, 하위 기능 등
Why Tree	• 과제나 문제의 원인, 이유를 찾을 때 하는 방법 • ~이 안 되는 이유는? • 예: 학원폭력이 생겨나는 이유, 지구온난화 이유 등
How Tree	• 과제, 문제에 대한 해결책이나 대안을 찾을 때 하는 방법 • ~을 해결하기 위해서는?, ~을 높이기 위해서는? • 예: 독도를 지키기 위한 방법, 에너지 절약 방법 등

또한 과제를 수행하기 위해서는 교실환경 구성을 어떻게 할 것인지에 대한 안내가 필요하다. 오프라인 수업뿐만 아니라 온라인 수업을 병행하는 블랜디드 수업(Blended Learning)을 운영할 시에는 온라인 사이트를 제시한다. 온라인 사이트는 팀원들이 많이 쓰는 SNS(Social Network Service)를 정해서 추가로 보충할 수 있는 자료, 팀별 활동 자료를 공유하고 토론 공간 등으로 활용할 수 있다.

(3) 2단계: 전개 활동

전개 활동은 실질적으로 주어진 과제를 해결하기 위한 단계로 여섯 가지 단계에 맞춰 수업 활동을 전개한다.

① 과제 탐색하기

과제를 탐색하기 위해서는 책, 복사물, 신문 자료, 동영상 자료, 현장 방문(인터뷰) 등 다양한 방법을 사용할 수 있다. 교사는 학습자들이 문제에 대해 충분히 이해할 수 있도록 안내한다.

Tips

☑ 과제 탐색을 위한 인터뷰 활용 계획

인터뷰 활용 계획	
일 시	2015년 09월 15일 14:00~
방문 대상	국어 바르게 쓰기 위원회
방문 목적	올바른 국어를 사용하기 위한 방법 수집
질문 문항	1. 국어 바르게 쓰기 위원회는 어떠한 일을 하는 곳입니까? 2. 잘못된 일본식 한자어, 외래어는 무엇이 있습니까? 3. 언어를 올바르게 사용하기 위한 정부 정책에는 무엇이 있습니까? 4. 언어를 올바르게 사용하기 위해 우리는 어떠한 노력을 해야 합니까?

② 과제 명료화하기

과제의 연구 대상, 범위, 목표, 최종 결과 등을 명확하게 파악하기 위해 과제 명료화 단계를 거친다. 과제 명료화를 하면 과제 및 정보를 수집하는 과제 연구 단계에서 무엇을 해야 하는지 명확해진다. 학습팀은 문제의 근본 원인 이해 규정, 문제 근원을 찾기 위한 다양한 정보를 획득 및 분석해 나간다.

Tips

☑ 과제 선정을 위한 과제 기술서 양식

과제명	
팀 명	
팀 구성원	
과제 선정 배경	
도출할 결과물 (해결 후 목표 상태)	

교사는 학생들이 과제 선정을 위해 과제 기술서를 작성해 보았다면 과제 기술서에 제시된 과제의 연구 대상, 범위, 목표, 결과 등이 적절한지 의견을 제시해 준다. 다양한 질문을 통해 과제의 난이도와 범위를 조절해 나갈 수 있다.

③ 가능한 해결책 도출하기

앞서 설명한 것처럼 사전에 설명된 브레인스토밍, 브레인라이팅, 여섯 색깔 모자 기법과 같은 해결책을 위한 다양한 아이디어 도출 방법을 사용한다. 또한 팀 토론을 통해 다각적 해결안을 도출 및 개선할 수 있도록 한다.

다양한 해결책 중에서 방해 요소 등을 고려한 해결책의 우선순위 기준을 설

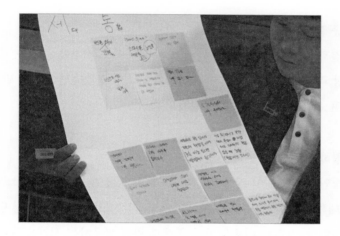

‖ 그림 2-4 ‖ 창의적인 아이디어 도출을 위한 포스트잇 활용 브레인스토밍

Tips

☑ **창의적인 아이디어를 자유롭게 도출하기 위한 준비사항**

팀별로 포스트잇, 네임펜, 전지(큰 종이) 등을 준비한다.

정하고 우선순위를 부여한 후 해결책을 재배열하여 본다. 교사는 학생들이 다양한 의견이 나올 수 있도록 옆에서 촉진자의 역할을 해 준다.

④ 실행하기

학습팀이 제시한 해결방안의 타당성을 검증하기 위해 직접 해결책을 적용하여 실천해 보고 그에 대한 결과 보고서 등을 작성해 본다. 과제를 실제 실행하는 데 많은 시간과 비용이 든다면 일부를 파일럿 테스트하여 실행해 보는 것도 방법이다. 파일럿 테스트도 어렵다면 현장 전문가의 의견을 수렴해 타당성을 검증해 볼 수 있다. 이러한 검증을 바탕으로 최종 방안과 최종 결과물을 완성한다.

⑤ 최종 결과물 발표하기

최종 결과물이 완성되었다면 이에 대해 발표하는 시간을 갖는다. 모든 학습팀이 해당 과제에 대해 충분히 이해하고 학습할 수 있었다면 전원이 발표하도록 한다. 발표 순서는 교사가 임의로 정해도 좋다.

⑥ 성찰하기

최종 방안과 결과물이 완성되면 학습자들이 실제 활동하는 동안 느끼고 배웠던 점에 대해 성찰하는 시간을 갖는다. 개인성찰지(성찰보고서), 작성 팀원 간 성찰을 실시한다. 정리된 내용을 모든 학생과 함께 공유하는 시간을 갖는다. 팀별 발표를 경청할 수 있도록 지도하고, 토론을 통해 공동의 성찰 활동으로 연계하도록 한다.

Tips

☑ 성찰보고서 양식

질 문
1. 과제를 수행하면서 무엇을 배우고 느꼈는가?
2. 그 대안이 어떤 점에서 실질적으로 도움이 될 것이라고 생각하는가?
3. 이 과제를 다시 시작한다면 배우고 싶은 점은 없는가?
4. 만약 ~이라면 어떻게 하겠는가?

(4) 3단계: 정리 활동

① 평가하기

교과 융합형 수업 모형에서는 교수자 평가뿐만 아니라 자기평가, 동료평가, 가능하다면 과제와 관련된 현장 전문가 평가 등을 할 수 있다. 과제를 해결하기 위한 과정이 팀원 간의 협력으로 이루어지기 때문에 팀 구성원의 평가를 실시할 수 있다.

Tips

☑ **자기평가 평가표 예시**

_____에 대한 평가

내 용	점수(1~5점)
학습준비물은 잘 준비하였는가?	
모둠학습 시 적극 참여하였는가?	
학습한 내용은 모두 이해했는가?	
이번 시간 학습 후 새로 알게 된 내용은 무엇인가?	

Tips

☑ 팀 활동 평가표 예시

_____에 대한 평가

내 용	점수(1~5점)
분담한 과업을 잘 수행하였다.	
모든 모임에 참석하였다.	
집단 활동 시 긍정적이고 적극적인 태도를 보였다.	
과제 해결을 위한 의견 제시, 투입에 많은 공헌을 하였다.	
팀원으로서 효과적으로 활동하였다.	

학생들이 과제를 해결하는 과정을 보고서로 제출했다면 이에 대한 보고서 평가를 실시할 수 있다.

Tips

☑ 보고서 평가표 예시

(매우 우수 5점, 우수 4점, 보통 3점, 부족 2점, 매우 부족 1점)

내 용	자기 평가	동료 평가	교수자 평가
신뢰할 만한 참고문헌이 4개 이상 포함되었다.			
주제가 분명하게 드러났다.			
내용에 대한 설명, 세부사항, 적절한 예를 포함하고 있다.			
형식에 맞게 작성되었다(문법, 철자, 정확한 표현 등).			

　교과 융합형 수업에서 교과와 연계된 발표는 매우 중요하므로 과제를 해결하는 과정을 발표할 수 있도록 한다. 발표를 통해 학생들은 자기 자신뿐만 아니라 동료, 교수자에게 피드백을 받아 자신의 부족한 부분을 교정해 나갈 수 있다.

Tips

☑ 발표(프레젠테이션) 평가표 예시

(매우 우수 5점, 우수 4점, 보통 3점, 부족 2점, 매우 부족 1점)

내 용	동료 평가	교수자 평가
작성한 내용을 조리 있고 자신감 있게 전달하였다.		
발표에 중요한 내용이 충분히 제시되었다.		
발표 내용이 논리적으로 잘 조직되었다.		
발표 내용이 청중에게 이해하기 쉽게 제시되었다.		
발표 내용이 학습에 도움이 되었다.		
전체적으로 발표의 수준이 적절하였다.		
발표 자료가 매력적으로 구성되었다.		
기타:		

　그 외에도 학생들이 학습 과정의 결과를 포트폴리오로 작성했다면 포트폴리오 평가를 실시하고, 온라인상에서도 토론 등을 운영했다면 온라인 토의 평가준거 등을 활용하여 평가해 볼 수 있다.

② 수업 정리 활동(수업 개선)

　교사는 전체적인 학습의 과정, 효과, 개선사항 등을 성찰한다. 학생들의 설문 등을 통해 교과 융합교육과정에서 발견한 문제 혹은 개선이 필요한 부분에 대하여 점검하고, 수업 개선에 대한 아이디어를 얻을 수 있도록 한다. 또한 교과융합을 통해 학생들이 얻게 된 긍정적인 경험과 그 성과에 대하여 양적ㆍ질적 차원에서 검토하는 기회를 얻는 것도 좋다.

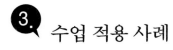

수업 적용 사례

‖표 2-5‖ **교과 융합형 수업 모형의 적용 사례**

교과	국어		
주제	우리말 바로 알고 사용하는 프로젝트		
단원	3. 언어의 특성과 우리말의 음운 체계	대상	중학교 1학년
성취기준	• 사회적 관심사에 대해 적절한 매체 자료를 제작할 수 있다. • 제작한 매체 자료를 사용하여 효과적으로 발표할 수 있다.	준비물	포스트잇, 전지(큰 종이), 네임펜
학습목표	• 사회성이 결여된 언어 사용의 문제점을 파악하고, 언어의 사회성을 지키지 않았을 때 발생할 문제를 이해할 수 있다.	융합/ 통합교과	사회, 미술

1) 사전 활동

단계		주요 활동	비고
		교수 활동	
사전 활동	교과(목) 및 단원 매핑 및 교육과정 재구성	• 주제는 '우리말 바로 알고 사용하는 프로젝트'로 선정하여 국어 교과를 중심으로 사회, 미술을 융합하였다. • 교사가 교사용 지도서의 수업 차시가 아닌 활동 위주의 수업 차시 등을 유연하게 편성한다. 블록제 수업 같은 것을 통하여 수업 시간을 일반 수업 시간보다 늘려 수업을 할 수도 있다.	이 단계는 주로 교수자의 수업 준비 활동 단계임
	최적의 학습 활동 설계	• 최적의 수업 활동 - 주제를 가지고 외래어, 은어, 비속어, 유행어 사용의 문제점에 대한 토론 활동 - 모둠별로 은어, 비속어 등을 줄이기 위한 방법 과제 기술서를 작성하여 다양한 조사 활동 실시 - 포스터와 UCC 등으로 표현해 봄으로써 미술 등 융합적 학습 활동을 설계	

2) 본 수업 활동

단계		주요 활동		필요 자원
		교사	학생	
사전	주의집중 동기화	• 이질적인 집단으로 모둠을 나눈 후, 학생들에게 '우리말 바로 알고 사용하는 프로젝트'에 대해 설명한다. • 수업이 어떻게 진행되는지에 대해 명확하게 설명해 준다.		

단계		주요 활동		필요 자원
		교사	학생	
		• 수업의 원활한 진행을 위해, 과제 해결을 위한 창의적인 아이디어 도출 방법에 관련된 자료, 의사결정 도구, 과제 해결 도구와 방법에 관련된 자료는 사전에 만들어 놓은 SNS에 업로드하여 학생들이 미리 숙지할 수 있도록 한다.		
		• "다음 수업 전까지 미리 읽어 오세요. 필요한 자료는 그때 다시 설명해 줄게요."	• "네."	
도입	주의 환기	• 한글날: 욕하는 청소년 관련 기사, 관련 동영상 상영 • "오늘 아침부터 지금까지 친구와 한 말을 떠올려 볼까요?"	• 오늘 자기가 한 말 가운데 은어, 비속어, 유행어가 있었는지 생각해 보고 종이에 적어 본다.	빔프로젝트 (동영상), 종이
		• (참고자료를 제시하며) "그 속에 사용된 외래어, 은어, 비속어, 유행어를 찾아볼까요?"	• 사용된 외래어, 은어, 비속어, 유행어를 찾아 본다.	
		• "우리 주위에 숨어 있는 외래어, 은어, 비속어, 유행어가 많죠? 이에 대해 어떻게 생각하나요?"	• 외래어, 은어, 비속어, 유행어의 문제점에 대해 의견을 나눈다.	
전개	과제 제시	• "이러한 은어, 비속어를 줄이기 위한 방법은 무엇이 있을까요? 팀별로 다양한 방법으로 탐색해 보고 이를 포스터와 UCC로 표현해 봅시다."		

단계	주요 활동		필요 자원
	교사	학생	
과제 탐색하기	• "먼저, 다양한 방법을 팀별로 탐색해 봅시다."	• 모둠별로 어떠한 자료를 찾을 것인지 논의하고 각각의 역할을 나눈다.	온라인 커뮤니티
과제 명료화 하기	• "과제의 연구 대상, 범위, 목표, 최종 결과 등을 명확하게 파악하기 위해 과제 선정을 위한 과제 기술서 양식을 작성해 보도록 하겠습니다."	• 모둠별로 과제 기술서 양식을 작성해 보도록 한다.	과제 기술서
가능한 해결책 도출하기 및 실행하기	• 다양한 아이디어를 도출하는 방법을 미리 업로드한 자료를 가지고 간단히 설명해 준다. • 그리고 모둠별로 포스트잇을 활용하여 다양한 아이디어를 공유해 볼 수 있도록 한다. • "모둠별로 포스트잇에 작성한 다양한 아이디어를 이야기해 봅시다" • "해결책을 실행하는 데 방해되는 요소는 없나요?"	• 모둠별로 포스트잇을 활용하여 아이디어를 공유한다. • 모둠별로 다양한 해결책 중에서 방해요소 등을 고려한 해결책 우선순위 기준을 설정하고 우선순위를 부여, 해결책을 재배열하여 본다. • 영상 언어의 특징을 바탕으로 스토리 보드를 작성하고 이를 영상물로 만든다.	포스트잇, 전지 (큰 종이), 네임펜
결과물 발표	• "모둠별로 만든 포스터와 UCC를 발표해 봅시다." • 모둠별로 영상물을 감상하고 평가해 본다. • 자기평가, 모둠별 평가를 실시한다.	• "저희 팀은 은어, 비속어를 줄이기 위한 홍보 동영상을 만들어 보았습니다."	

단계		주요 활동		필요 자원
		교사	학생	
	성찰하기	• "각 모둠의 생각을 글로 표현해 봅시다. 성찰 노트를 펴서 적어 봅시다."	• 학생 각각의 생각을 글로 표현해 본다.	성찰 노트
평가	평가하기	• "나눠 준 평가표를 가지고 각자 자기평가와 각 팀에 대한 동료평가를 해 봅시다."		자기평가지 및 동료평가지
	평가 및 수업개선	• "이번 수업이 어떠했는지 설문을 하도록 할게요. 혹시 모둠별로 활동하면서 아쉬웠던 점이나 앞으로 개선하면 좋을 부분에 대해 의견을 주면 다음 수업에 반영하도록 하겠습니다. 솔직한 의견을 제안해 주세요."		수업만족도 설문지 등

Tips

☑ 더 멋진 수업을 위한 조언

교과 융합형 수업 모형에서 몇 가지 전략을 고려한다면 더 멋진 수업이 될 수 있다.

• 교과 융합형 수업 모형 성공을 위한 전략

구 분	세부 전략
과제 고려	• 개인 또는 팀이 실제 과제를 다룸 • 과제는 가상으로 만든 과제가 아니라 조직에서 꼭 해결해야 할 중대하고 난해한 과제여야 하고, 조직의 이익이나 생존에 직결되는 과제여야 함
학습팀	• 실제 과제를 해결하는 것은 학습팀임. 학습팀은 4~8명 정도로 구성하여 다양한 시각과 경험을 가진 사람들이 혼합될 수 있도록 구성

구 분	세부 전략
학습팀	• 구성원들은 능력보다는 얼마나 잘 성실하게 참여하고 서로의 의견을 존중하는지가 중요
실행의지	• 실패의 위험이 있는 실제 과제를 통해 더욱 열정적이고 창의적으로 문제해결을 위해 노력하려는 동기유발 • 실행하면서 자신들이 제안한 해결안에 대해 다양한 질문과 의미 있는 성찰이 이루어질 수 있도록 함
지식 습득	• 참여한 학습자들이 과제와 직접 연관된 지식뿐만 아니라 과제 해결 기술, 팀 리더십, 커뮤니케이션 기술, 프레젠테이션 기술, 프로젝트 매니지먼트, 갈등관리, 학습팀 기술 등 해결 과정에 대한 지식을 습득
질문과 성찰, 피드백	• 학습팀이 과제를 해결하기 위해 스스로 탐구하고 질문, 성찰하는 과정에서 학습이 이루어지도록 함
학습 코치	• 학습팀의 과제 수행과 학습이 효과적으로 이루어질 수 있도록 개입할 수 있는 학습 코치의 도움을 받음 • 학습팀이 과제를 명확히 정의하고 타당한 과제 해결 방법을 탐색하여 올바른 의사결정을 할 수 있도록 학습 코치의 도움을 받음

• 교과 융합형 수업 모형 설계 전략

단 계	설계 전략
과제 탐색하기	• 과제 탐색 방법(복사물, 동영상 자료, 애니메이션 등) 제시 • 촉진자 점검 • 문제에 대해 학습팀이 충분히 이해할 수 있도록 안내
과제 명료화	• 과제(문제) 인식 및 명료화 방법 안내 • 문제의 근본 원인 이해 규정 • 문제 근원을 찾기 위한 다양한 정보 획득 및 분석
가능한 해결책 도출	• 해결책을 위한 다양한 아이디어 도출 방법 사용 • 팀 토론을 통한 다각적 해결안 도출 및 개선 • 해결방안에 대한 우선순위별 리스트
실행하기	• 실제 실행 • 파일럿 테스트 • 전문가의 도움을 받아 타당도 검토 실시
결과물 발표	• 최종 결과물 발표
성찰하기	• 개인성찰지(성찰보고서) • 작성 팀원 간 성찰 실시

제3장 교과 연결형(릴레이) 수업 모형

1. 개관

자유학기제를 도입하면 진로 및 자유선택 과목에 별도로 수업 시간을 배정해야 하므로 공통과정 교과의 수업 시수가 줄어들게 된다. 그러나 전체 교육과정의 교과별 학습목표 및 성취기준이 줄어드는 것은 아니다. 따라서 짧은 시간에 효율적으로 학년 교육목표를 달성하기 위하여 교과목 간에 중복되거나 생략된 내용을 체계적으로 관리할 필요가 있다. 교과 연결형(릴레이) 수업은 개별 교과 영역의 중복을 줄이고 학습 내용의 통합적 이해를 돕기 위한 수업 모형이다. 이 장에서는 기본 교과 수업을 릴레이 방식으로 진행하는 교과 연결형(릴레이) 방법에 대해 다루고자 한다.

교과 연결형(릴레이) 수업 모형은 공통과정을 이루고 있는 국어, 사회, 도덕, 수학, 과학, 기술·가정, 체육, 예술(음악, 미술), 영어 및 선택 교과를 연결하여 하루 또는 한 주의 수업이 교과 릴레이 형태로 운영되도록 하는 방식이다. 예를 들어, 우정이라는 인격적 통합을 목표로 도덕, 국어, 음악, 기술·가정의 교과 릴레이 수업을 운영할 수 있다. 도덕 수업에서는 우정과 관련된 단원에서 우정의 필요성과 실천방법에 대해서 학습한다. 국어 수업에서는 시의 특성에 대해서 학습하고, 도덕 시간에 학습한 우정의 필요성과 실천방법을 시로 표현한다. 음악 수업에서는 작곡에 대해 학습을 하고, 국어 시간에 만든 시를 랩으로 만든다. 마지막으로 기술·가정 수업에서는 음악 시간에 배운 랩을 UCC 형태로 제작하는 것이다.

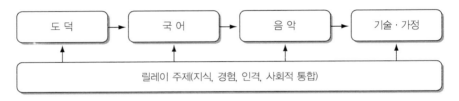

‖그림 3-1‖ **문제해결 상황과 교과 연결형(릴레이) 수업 모형의 관계**

‖표 3-1‖ **교과 연결형(릴레이) 수업 예시**

릴레이 주제: 인격의 통합(우정)				
교과목	도 덕	국 어	음 악	기술·가정
교과활동	우정의 필요성에 대한 학습	시의 감상	작곡에 대한 학습	동영상 제작
릴레이 과제	우정 실천하기 캠페인 실천	우정에 관한 시 창작 활동	국어시간에 만든 시를 랩으로 만들기	음악시간에 배운 랩을 UCC로 만들기

이 장에서는 교과 연결형(릴레이) 수업 모형의 단계별 교수학습 활동과 교수 설계 방법 및 수업의 준비사항을 소개하고자 한다.

Tips

☑ **교과 연결형(릴레이) 수업의 특징**

교과 연결형(릴레이) 수업은 다음의 세 가지 측면에서 기존 교과 수업과 차이를 보인다.

- 첫째, 학생의 전인적인 성장을 위하여 교육 내용을 시·공간적으로 밀접하게 재구성하는 메타 교육과정임
- 둘째, 각 교과목의 단원을 연결하여 학습자가 통합적 이해를 하도록 돕는 방법임. 앞서 배운 교과목의 내용이 도구가 되어 다음 교과목의 수업 내용을 이해하거나 과제를 수행하는 데 사용되도록 수업을 구성함
- 셋째, 교과 융합형 수업이나 구성주의 수업이 탈(脫) 교과적 지식을 추구한다면, 교과 연결형 수업은 교과 지식을 통합하고 연계하는 방식. 전통적인 교과(목)는 우리의 삶을 떠받쳐 주고 있는 궁극적인 기반임을 인정하고 교과 간 경계는 유지함

Tips

☑ **교과 융합형 수업 vs 교과 연결형(릴레이) 수업**

- 교과 연결형(릴레이) 수업과 교과 융합형 수업의 가장 큰 차이는 교과목의 경계 유무임. 교과 연결형(릴레이) 수업은 교과목 간의 경계는 유지하면서도 각 교과목의 통합을 이끌어 내는 융복합 수업의 가장 단순한 형태임

교과 융합형 수업	교과 연결형(릴레이) 수업
• 과목의 기저선이 없어지고 블록타임형의 별도 교과목이 생성 • 각 과목의 경계가 없고 수행하는 과제를 중심으로 하는 활동 중심 수업	• 각 교과의 기저선이 유지된 채 교과의 학습 활동이 연결된 형태 • 학습자의 머릿속에서의 융합을 유도

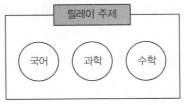

- 교과 연결형(릴레이) 수업과 교과 융합형 수업의 공통점은 교과 간 연계 방법에 대한 고민이 필요하다는 것임

교과 연결형(릴레이) 수업 모형

1) 철학적 기반

교과 연결형(릴레이) 수업 모형은 다음과 같은 교육철학에 기반을 둔다.

- ☑ **통합적 사고**: 사고의 유형에는 여러 가지가 있다. 그중에서도 통합은 인간 사고의 최종 결정판이다. 개념을 이해하는 행위조차도 다양한 경험을 통해서 얻은 지식을 종합하여 개념으로 축약하는 통합 행위다. 블룸(Bloom)이 구분한 인지적 영역의 학습목표는 지식, 이해, 적용, 분석, 종합, 평가의 형태로 계열화된다. 그러나 지금까지의 교육은 각 교과의 핵심이 되는 지식을 이해하고 변별하는 사고능력을 기르는 데 집중하느라 학습한 내용을 적용·종합·평가하는 활동으로 연결하지 못하는 경우가 많았다. 교과 연결형(릴레이) 수업은 특정 교과목에서 배운 학습 내용이 다른 교과목에서 도구적 지식으로 활용되는 경험을 통해서 공통점과 차이점을 인식하고, 관계성을 이해하며, 통합적용 방법을 고안하는 등의 통합적 사고를 가능하게 한다.

- ☑ **인격의 통합**: 교과 릴레이의 궁극적 목적은 지식과 경험의 통합일 뿐만 아니라 인격의 통합과 사회적 통합을 이루는 것이다. 이 책에서는 가장 중요한 인격의 통합을 위해서 KDB 우산의 개념을 적용하였다. KDB 우산이란 현실 세계를 살아 나가는 데 있어 갖추어야 하는 지식(Know), 기술(Do), 태도(Be)가 학습목표의 기준이 되어야 한다는 것이다(Drake, 2013). 수업을 설계할 때에는 각 교과의 교육목표와 학년 목표를 종합하여 릴레이 교육목표로 KDB 우산을 먼저 하고, 관계된 교과목과 단원을 대응하는 방식으로 구성한다.

☑ **메타 교육과정**: 교육 목적 중 사고 기능, 사회적 기능, 학습 기능, 커뮤니케이션 역량, 다중 지능 등은 특정 교과를 통해서 학습되는 것이 아니다. 교과 내용을 초월하는 사고와 학습 방법에 대한 자각과 조절을 통해서 학습된다. 교과 릴레이의 목적은 개별 교과별로 분절화된 지식과 경험을 통합하여 앞서 제시한 교육목적을 달성하기 위한 메타 교육과정을 운영하는 것이다. 메타 교육과정은 주제를 중심으로 과목별 지식을 적용하고, 종합하고, 평가하는 고차원적 사고능력의 학습을 돕는다. 즉, 중학교 교육목표 달성을 위한 범교과 교육과정을 제공하여 각 교과의 내용을 연결하고, 나아가 실제 삶과 학문에 포함된 인지도구와 협동기술을 습득하도록 하는 교육과정안이다.

☑ **경험의 축적과 성장(포트폴리오 기반 수업)**: 포트폴리오 기반 수업이란 포트폴리오 제작을 활용하여 교수학습과 평가를 연계하기 위한 수업 방법이다(조한무, 2004). 교과 연결형(릴레이) 수업에 포트폴리오를 적용하면 특정 교과목에서 산발적으로 수행한 학습 활동을 통합하는 데 도움이 된다. 포트폴리오는 설정한 학습목표에 따라 학습 과정과 성과를 보여 주는 작품집이다. 학습자는 포트폴리오 작성 과정에서 자신의 학습 과정을 되돌아보고, 자기평가를 하며, 투자한 노력과 향상을 보여 줄 수 있는 중간 산출물을 선택하고 공유한다. 교과 연결형(릴레이) 수업을 설계할 때는 릴레이 주제와 학습 경험을 통합하도록 돕는 포트폴리오를 함께 개발할 필요가 있다. 포트폴리오의 세부 항목은 개별 교과목의 학습 활동과 성과를 포함할 수 있도록 설계한다. 교과 연결형(릴레이) 수업이 진행됨에 따라 포트폴리오의 세부 구성 요소를 하나씩 완성하는 형태로 운영하면 효율적이기 때문이다.

2) 추구 목표

교과 연결형(릴레이) 수업의 목표는 교육 경험과 생활 문제가 적절하게 통합되도록 하는 것이다. 구체적으로는 자유학기제를 실시하는 동안 운영되는 교육

내용의 통합, 경험의 통합, 개인의 인격 통합, 사회의 통합과 관련된 지식, 기술,
태도 등을 성취목표로 한다.

- ☑ **지식의 통합**: 관련성이 높은 내용을 중심으로 공통 교육과정의 각 교과의
  학습 내용을 연결하는 것을 목표로 한다. 국어, 사회, 도덕, 수학, 과학, 기
  술 · 가정, 체육, 예술(음악, 미술), 영어 및 선택 교과 등의 기본 교과의 내
  용 중에서 공통되는 내용을 중심으로 연결하는 방식이다. 특정 교과목에
  서 공통된 내용을 설명하고 뒤이어 수업하는 교과목에서는 해당 내용의
  설명을 생략하거나 축약하고 적용, 분석, 종합, 평가 등의 활동으로 연결
  하는 것을 목표로 한다.
- ☑ **경험의 통합**: 시간적 · 공간적으로 밀접한 내용을 중심으로 교과의 학습
  내용을 연결하는 것을 목표로 한다. 공통교과 또는 선택교과에서 학습
  한 내용을 연결하여 비슷한 시기에 학습한 내용이 통합되도록 하는 것
  이다.
- ☑ **인격의 통합**: KDB(지식, 기술, 태도) 우산을 중심으로 인격적 통합을 이루도
  록 교과를 연결하는 것을 목표로 한다. 학습 내용과 관련된 정보나 가치관
  을 수용하여 자신의 태도, 신념, 인격을 정교화하도록 하는 것이다.
- ☑ **사회적 통합**: 학생들이 관심을 갖는 사회 문제나 쟁점 혹은 생활이나 욕구
  와 관련된 내용이나 경험을 주제로 관련 교과를 선정한 후, 관련 교과를
  연결하여 실제적인 학습이 일어나도록 하는 것이다.

이러한 네 가지 통합을 통하여 교과 연결형(릴레이) 수업은 교과 관련 역량과
함께 통합적 사고능력(강충열, 권동택, 정광순, 2010)을 개발하는 데 도움이 될 것
으로 기대된다.

‖ 표 3-2 ‖ 교과형 수업 모형의 성취목표

역량	세부 역량	성취목표
통합적 사고 성향	논리적 태도	• 객관적이며, 공정한 판단을 할 수 있다. • 자신에게 부여된 일이나 과업을 체계적으로 성실하게 수행할 수 있다. • 글에서 주장하는 내용을 파악하기 위하여 노력한다. • 다른 사람이 이해하기 쉽게 설명하기 위하여 노력한다. • 관점의 다양성을 수용한다.
	모험심	• 다양한 관심사나 새로운 일, 환경에 대한 관심을 갖는다. • 새로운 시도와 모험에 적극적으로 참여한다.
	문제해결 지속력	• 당면한 과제를 해결할 때까지 계속적이고 끊임없는 시도를 한다. • 문제 해결에 대한 기대심을 갖는다. • 새로운 시각으로 문제를 대면하는 태도를 갖춘다. • 잘 풀리지 않는 문제에 집중한다.
	독립적 몰입	• 주어진 환경이나 과업에 대하여 독자적으로 깊이 있게 탐구하는 태도를 갖춘다. • 여러 가지 해답이 가능한 문제를 탐구한다.
	생산적 회의성	• 규칙성에 대한 반성을 통해서 새로운 방식을 시도한다. • 개척적인 태도로 틀에 박힌 형식을 거부하고 반복된 일상을 피하여 끊임없이 질문한다.
교과 관련 역량	각 교과와 단원별 기대 역량	• 지식적 측면: 해당 교과 및 단원과 관련된 지식을 통합적으로 이해하고 활용할 수 있다. • 기술적 측면: 해당 교과 및 단원과 관련된 기술적인 측면을 습득하여 통합적 기능을 획득한다. • 태도적인 측면: 해당 교과 및 단원의 태도와 관련된 측면을 수용하고, 태도를 조직화할 수 있다.

3) 수업 모형의 구조

교과 연결형(릴레이) 수업 모형은 각 교과의 수업을 진행하고 포트폴리오 작성 활동을 중심으로 수업 성과를 통합하는 방식이다. 이러한 수업 운영을 위해서는 교과 연결형(릴레이) 수업의 목표를 중심으로 각 교과목과 단원을 재배치하고 계열화하는 교육과정 재구성과 포트폴리오 설계가 필요하다. 따라서 각 교

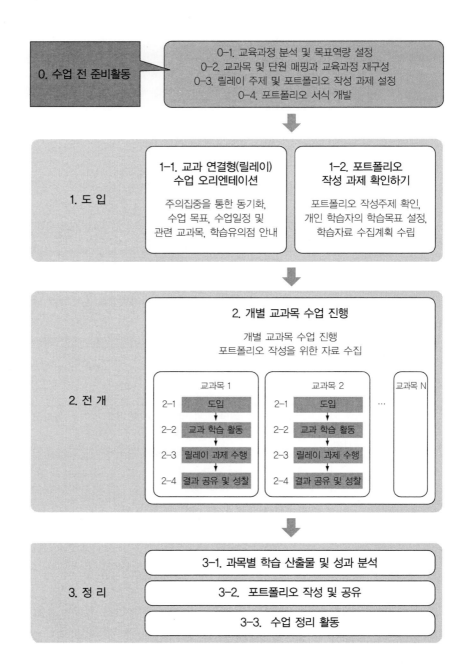

0. 수업 전 준비활동
- 0-1. 교육과정 분석 및 목표역량 설정
- 0-2. 교과목 및 단원 매핑과 교육과정 재구성
- 0-3. 릴레이 주제 및 포트폴리오 작성 과제 설정
- 0-4. 포트폴리오 서식 개발

1. 도 입

1-1. 교과 연결형(릴레이)
수업 오리엔테이션

주의집중을 통한 동기화,
수업 목표, 수업일정 및
관련 교과목, 학습유의점 안내

1-2. 포트폴리오
작성 과제 확인하기

포트폴리오 작성주제 확인,
개인 학습자의 학습목표 설정,
학습자료 수집계획 수립

2. 전 개

2. 개별 교과목 수업 진행

개별 교과목 수업 진행
포트폴리오 작성을 위한 자료 수집

교과목 1
- 2-1 도입
- 2-2 교과 학습 활동
- 2-3 릴레이 과제 수행
- 2-4 결과 공유 및 성찰

교과목 2
- 2-1 도입
- 2-2 교과 학습 활동
- 2-3 릴레이 과제 수행
- 2-4 결과 공유 및 성찰

교과목 N

…

3. 정 리
- 3-1. 과목별 학습 산출물 및 성과 분석
- 3-2. 포트폴리오 작성 및 공유
- 3-3. 수업 정리 활동

‖ 그림 3-2 ‖ 교과 연결형(릴레이) 수업 모형

> **Tips**
>
> ☑ **수업 모형 적용 시 유의사항**
>
> - 개별적으로 분절화된 기존의 수업 방식에 문제가 있는 경우에도 교과 연결형(릴레이) 수업을 도입할 필요가 있음
> - 교과 연결형(릴레이) 설계는 교과목 간 연결점을 찾는 작업에서 시작함
> - 교과 연결형(릴레이) 수업의 가장 중요한 핵심은 하나의 개념을 폭넓게 이해하고 기존 학습 내용과 통합하는 학습자 내부에서의 통합을 촉진하는 것임. 무조건 많은 교과(목)를 연계한 교과 연결형(릴레이) 수업이 좋은 것은 아님
> - 교과 연결형(릴레이) 수업에 포트폴리오를 활용하면, 각 수업의 학습 활동을 기록하고 성찰하도록 지원하여 학습자 내부에서 학습 내용 통합이 일어나도록 도움
>
> ☑ **포트폴리오 활용에 따른 부가적인 교수설계**
>
> - 학기 시작 전에 포트폴리오 서식을 미리 개발하여야 함. 포트폴리오 서식은 간단하게는 각 수업 산출물을 단순 기재하는 방식부터 학습 과정에 대한 사진, 동영상 및 디지털 자료가 포함되는 형태로 다양하게 만들 수 있음
> - 수업 중에도 포트폴리오를 작성하도록 독려하는 교수전략이 필요함. 학습자 개개인의 학습 과정을 모니터링하고 피드백하는 방법은 낮은 단계의 일정 관리에서부터 학업 성취 정도에 대한 모니터링과 피드백을 포함하는 수준까지 다양한 전략이 있음
> - 포트폴리오 서식과 교수전략은 각 학교 및 교사의 수업 여건에 따라서 결정하여야 함

과의 내용이 시간상으로 연결되어 제공되도록 재구조화하는 협력적 교수설계를 실시할 필요가 있다. 이에 본 장에서는 수업 전후의 교과 간 연계방안 수립 및 평가와 수업의 진행에 해당하는 교사와 학생의 활동을 구분하여 설명하고자 한다.

4) 수업 만들기

(1) 0단계: 사전 활동

효과적인 교과 연결형(릴레이) 수업이 되기 위해서는 새 학기 시작 전에 교과

간 연결을 확인하고 교육과정을 재구성하기 위한 준비과정이 필요하다.

① 교육과정 분석 및 목표역량 설정

기존 교육과정을 조사하여 해당 학년별로 교과 교육과정에 포함된 핵심성취

Tips

☑ 교육과정의 분석

• 수평적 스캔과 수직적 스캔 방식을 사용

수평적 스캔	• 교과와 교과 간 내용을 검토 • 시간상으로 인접한 주차의 학습 내용 간의 관련성을 확인하기 위한 것 • 각 과목의 주차별 학습 내용을 단원(또는 주제), 수업내용 및 방법, 평가 내용에 따라 정리하고 타 교과목과의 통합 가능활동을 작성

시기	구 분	교과(목) 1	교과(목) 2	교과(목) 3	교과(목) N
3월	단원 또는 주제				
	수업 시기 또는 주차				
	수업 내용 및 방법				
	평가 내용				
	통합가능 활동				
4월	주제				
	수업 주차 및 시수				
	수업 내용 및 방법				
	평가내용				
	통합가능 활동				
5월	주제				
	수업 주차 및 시수				
	수업 내용 및 방법				
	평가내용				
	통합가능 활동				

수직적 스캔	• 특정 주제 또는 간학문적 통합과 관련된 지식과 기능이 각 교과에서 어떤 계열성을 가졌는지 살펴보는 것 • 통합지식 또는 특정 주제를 분석하여 관련 역량을 도출하고, 해당 역량을 포함하는 교과목의 단원을 탐색

주제:
관련 역량:

구 분	교과목 1	교과목 2	교과목 3		교과(목) N
단원명				...	
성취기준					
릴레이 연결과제					
수업 내용 및 방법					
수업 결과물					

• 모든 교과 내용을 릴레이로 연결하는 것은 사실상 불가능함. 선정 단원 및 주제는 월별로 1~2개 정도만 있으면 됨

기준과 관련 개념(지식), 기술, 태도 등을 분석할 필요가 있다. 교육과정을 분석하는 이유는 학생들이 알아야 하는 핵심 지식(체계, 구조, 상호의존성 등), 핵심 기능(연구, 비판적 사고력), 인성적 요소(개인과 공동체 상황에서의 윤리) 중에서 각 교과 간에 유사한 것을 확인하기 위함이다.

교육과정 분석은 수평적 스캔과 수직적 스캔 방식을 활용할 수 있다. 수평적 스캔은 교과의 내용과 교과 간 관계를 검토하는 것이다. 수직적 스캔은 특정 주제나 간학문적 통합과 관련된 역량이 각 교과에서 어떤 관련성이 있는지 분석하는 것이다.

이 중 교과목 간에 관련성이 높거나 중첩되는 내용을 추출해서, 해당 내용을 포괄할 수 있는 교육목표를 설정하고, 목표역량을 설정한다. KDB 우산의 개념을 적용하면, 교육과정에서 다루는 수업 내용이나 성취목표는 지식, 기능, 인성으로 되어 있다. 이러한 성취목표를 종합하여 세상을 바라보는 넓은 안목(태도, Be)을 바탕으로 폭넓은 이해(지식, Knowledge)와 통합적 기능(기술, Do)을 정의한다. 이를 종합하여 궁극적인 목표역량인 KDB 우산으로 정한다.

② 교과목 및 단원 매핑과 교육과정 재구성

교육과정 분석에 근거하여 릴레이 연결 주제와 특정 교과목 및 단원을 매핑하고 교육과정을 재구성한다(매핑이란 주제별로 교과목 및 단원을 대응시키는 것을 말한다). 릴레이 연결 주제에 따라서 인접해서 가르쳐야 하는 교과목을 정하고, 개별 교과목의 교과 내용, 활동, 평가 방법을 조정하여 진도계획을 수립하여야 한다. 이 과정은 협의회나 공동체 활동을 포함한 협력적 교수설계로 진행될 필요가 있다. 관련 과목의 협의회를 통해서 릴레이 연결 교과목 및 단원 대응과 교육과정 재구성 방법을 결정해야 하며, 타당성 여부를 고려하여 여러 차례 수정 및 보완하는 작업을 거쳐야 한다.

교과 릴레이와 교육과정 매핑을 위해서는 교과목의 제시 순서와 방법에 대한 고민이 필요하다. 이때 교과목 및 단원의 관련성을 결정하기 위한 관계망 그리기 활동을 추천한다. 교과목 간 관계망을 그리기 위해서 다양한 형태에 대해 브

Tips

☑ **교육과정 재구성 시 고려사항**

• 교과 연결형(릴레이) 수업에서 교육과정의 재구성은 릴레이 연결 주제와 교과(목) 및 단원을 대응시키는 매핑(mapping)의 과정임
• 학생들이 학습 내용을 이해하기 쉬운가? 시간적·공간적 운영이 편리한가? 등의 질문을 통해서 대응의 타당성을 평가하고 부족한 점이 있다면 수시로 재구성하도록 함
  – 학습자 고려: 학습자의 발달 수준, 사전 경험, 흥미 등에 기초하여 개념과 아이디어의 범위와 수준, 활동 수준, 활동 영역, 활동 방법 등을 계획
  – 운영 편이: 학습 내용의 통합과정, 운영의 편이
  – 학습 효과: 학습한 것을 다양한 목적으로 활용하고 새로운 상황에 학습한 것을 적용하도록 구성. 교과목별 수업 시수 및 주간 학습계획을 고려

레인스토밍을 할 수 있다. 가장 명확하고 용이한 방법은 각 교과목에서 제시하는 개념과 아이디어, 교과 간의 연결 관계, 상위개념과 하위개념을 그림으로 그려 보는 것이다. 각 교과목의 성취기준이나 수업 내용은 주제와 관련한 개념이나 아이디어를 이해하고 실천하는 데 필요한 지식, 태도, 기능 습득이 고르게 배분되도록 매핑한다.

주 제:

관련 역량:

구 분	교과목 1	교과목 2	교과목 3		교과목 N
단원명				...	
성취기준					
릴레이 연결 과제					
수업 내용 및 방법					
수업 결과물					

‖그림 3-3‖ 릴레이 수업을 위한 교육과정 재구성 및 교과목/단원 매핑

Tips

☑ **교육과정 매핑 전략**

- 릴레이 연결 교육과정 매핑을 위해서는 관련 교과목의 담당 교사 간에 충분한 협의가 필요함
- 부록에 제시한 교육과정 매핑 서식에 포스트잇을 붙이는 방식으로 여러 가지 버전을 개발한 뒤, 정교화하는 방식으로 교육과정을 매핑함
- 중간 산출물은 사진으로 찍어 저장해 두어야 아이디어를 비교할 수 있음
- 교육과정 매핑이 어려운 경우 수업 내용의 관계망을 함께 그리도록 함

Tips

☑ **교과 릴레이 수업 시간 배정**

- 교과 연결형(릴레이) 수업은 도입과 정리 단계의 수업 활동이 중요하므로 이 부분을 학급 활동이나 조·종례 시간을 활용하여 진행하거나 별도의 수업 시간을 배정하여 운영할 필요가 있음
- 그렇지 않은 경우에는 교과 릴레이의 첫 번째 교과에서 도입에 해당하는 오리엔테이션을 실시하고 포트폴리오 과제를 안내함. 마지막 교과에서 정리 활동인 과목별 산출물 및 성과 분석과 포트폴리오 공유 및 수업 정리 활동을 수행할 수 있도록 학습 활동을 설계하여야 함

Tips

☑ **교과 연결형(릴레이) 수업 모형의 교과 간 연계 방법**

- 교과 연결형(릴레이) 수업은 다양한 교과를 통합한 수업 설계가 필요
  - 하나의 교과 내에서의 연계
  - 서로 다른 교과 간 통합
- 각 과목의 교사는 자신의 교과목을 중심으로 교과목 간의 관계를 이해하기 때문에 객관적인 시각에서 관계 설정이 어려울 수 있음
- 포가티(Fogarty, 1991)가 제안한 교육과정 통합방법을 참고하여, 각 교과목의 단원을 선정하고 배치하는 방법을 다음과 같이 제안함

☑ 릴레이 연계형 수업을 위한 교과 연계 방법

수업 유형	교과목 간 연계 유형	활동 내용
이해를 위한 도구		특정 교과의 학습 활동을 위한 도구적 지식(교과내용, 주제, 개념, 아이디어)을 학습하는 교과를 바로 앞 시간에 배치하는 릴레이 형태로 연결
공유형		두 개의 교과목에서 공통되는 개념과 아이디어를 통합하여 학습하고, 과목별로 연계내용을 학습
동심원형		교과목 내 학습 내용의 다중 지능, 사회적 기능, 사고 기능, 구체적인 내용 기능을 연결하는 학습 활동
계열형		교과목 간의 주제나 단원들을 서로 관련짓기 위하여 재배열하고 계열화하여 교육과정을 재구성하여 학습 활동 개발
거미줄형		하나의 주제를 중심으로 각 교과목의 관련 내용을 연결하여 의미망을 구성하고, 주제중심으로 학습
실로펜형		메타교육과정으로 다양한 교과목을 통하여 사고기능, 사회적 기능, 다중지능, 기술공학, 학습기능 등을 실로펜 것처럼 연결한 시리즈형 학습 활동

③ 릴레이 주제 및 포트폴리오 작성 과제 설정

교과 연결형(릴레이) 수업의 최종 주제와 포트폴리오 작성 과제를 설정한다. 먼저 각 교과목의 성취기준과 교과 릴레이의 목표역량을 중심으로 핵심 질문이나 과제를 만든다. 이 핵심 질문이나 과제를 해결하기 위한 학습 활동 산출물이 포트폴리오 작성 과제가 된다. 다만, 과제의 내용과 수준은 학생들의 도전감과 성취감을 유발할 수 있도록 조정할 필요가 있다.

포트폴리오 과제 설정이 어려운 경우에는 교과 연결형(릴레이) 수업의 최종적인 활동이 무엇인지에 대해 고민해 볼 필요가 있다. 교육과정 재구성 단계에서 각 교과목에서 수행할 과제와 교과목 간의 관련성이 도출되었다. 이를 통합한 작품 전시, 연극, 음악 발표회 등을 고려하고 해당 과제를 수행하는 중간과정에서 수집해야 할 자료를 선정한다.

릴레이 주제 및 포트폴리오 작성 과제가 정해지면 [그림 3-4]와 같이 교과 연결형(릴레이) 수업 흐름도를 작성한다. 교과 릴레이 흐름도를 작성하면 각 교과목의 담당 교사와 학생들이 개별 교과목에서 학습할 내용과 활동 및 포트

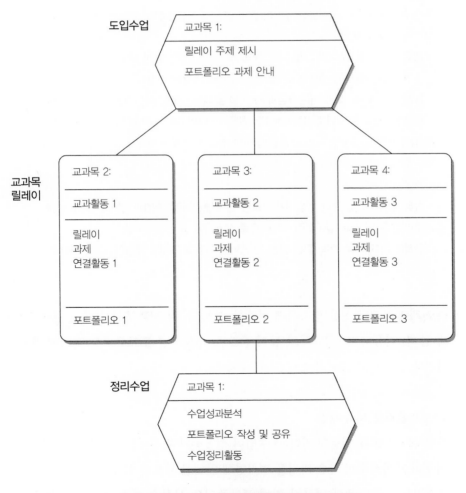

‖ 그림 3-4 ‖ 교과 연결형(릴레이) 수업 흐름도

Tips

☑ **더 좋은 수업을 위한 조언**

• 교과 연결형(릴레이) 수업 흐름이 정해지면 각 교과목의 연간 운영계획과 학급별 시간표 구성에 반영함
  – 연간 계획: 주제와 주제에 담긴 내용(개념과 아이디어)을 제시
  – 주간 계획 및 일일 계획: 구체적 활동들과 구체적 학습목표, 활동 내용, 활동 진행 방법, 교수학습 자료, 평가 방법 등을 제시
• 주간 계획을 자세히 작성하여 릴레이 참여 교사와 학생들에게 공유하면 수업이 원활하게 운영될 수 있음
  – 계획 수립 시 고려사항: 학교 및 학습자의 주변 여건, 흥미, 수준 등을 고려하여 교과 연결형(릴레이) 수업의 도입, 전개, 마무리 계획을 수립
  – 일일 수업 계획을 포함: 어떤 개념과 아이디어를 다루는 활동부터 시작하고 어떤 활동을 도입 활동으로 할 것인지 결정하여 일일 활동 시간대에 따른 주간 계획을 작성해야 함
• 각 과목의 담당 교사는 교과 연결형(릴레이) 수업의 설계 단계에서 개별 교과목의 계획도 함께 수립하여야 함
  – 개별 교과목의 교수
  – 학습 설계: 도입, 교과 학습 활동, 교과 연결형(릴레이) 수업과 연계된 과제 수행, 결과 공유 및 성찰 활동으로 구체적으로 설계해야 함
  – 릴레이 과제 수행 계획: 집단 활동 및 영역별 활동의 구체적 계획이 포함되어야 함

폴리오 과제의 연결성을 명확하게 이해할 수 있다. 각 교과목의 릴레이 순서를 주제 탐색, 적용하기, 평가하기 등의 순으로 배치하면 포트폴리오 작성이 용이해진다.

④ 포트폴리오 서식 개발

마지막으로 교과 연결형(릴레이) 수업이 성공하기 위해서는 포트폴리오 서식을 마련하여 학생들의 학습 과정을 명확하게 안내할 필요가 있다.

본격적으로 수업을 운영하기 전에 포트폴리오 서식을 미리 만들어야 한다.

Tips

☑ 포트폴리오 서식의 유형

• 활동지: 교과 연결형(릴레이) 수업 주제 및 포트폴리오 작성 과제를 활동지로 만들어서 과목별로 배포한 뒤 자료집 형태로 묶음

( ) 모둠 일상대화 대본	( ) 모둠 공감대화 대본
• 야간자율학습을 빼기 위해 담임선생님께 말씀드리는 상황 • 기숙사에서 같은 방을 사용하는 친구와 취침 시간이 달라 마찰을 빚는 상황 • 축제공연을 위한 연습장소를 두고 다른 동아리 회장과 다투는 상황	• 체육대회를 위해 단체복을 정하는 데 학급 반장이 독단적으로 행동하는 상황 • 주말에 열리는 좋아하는 가수의 콘서트에 가고 싶은데 반대하시는 부모님과 이야기하는 상황 • 컴퓨터 사용 순서를 두고 동생(언니, 오빠)과 다투는 상황
〈힌트〉 공감적 듣기의 방법 1. 소극적 듣기 　신체 반응(예: 눈을 맞추거나 고개를 끄덕이는 것) 　공감 표현(예: "그렇지" "그러게" "맞아" "나도 그렇게 생각해") 2. 적극적 듣기 　명료화 및 요약(예: "그러니까 네가 하고 싶었던 말은 ~라는 거구나") 　환언(예: "말하자면 ~라는 것이지?")	사회자: 서기: 모둠원(발표자):

평가 영역	평가기준	매우 잘함 5	잘함 4	보통 3	미흡 2	미 완성 1	미 제출 0
교과 학습 목표 및 태도	자연과 인공의 색을 다양하게 수집하고 색채이론으로 적용할 수 있는가?						
	이튼 색상환의 원리를 정확히 이해하였는가?						
	색의 관점에서 다양한 색을 가진 자연물과 인공물을 관찰하고, 충분히 수집하였는가?						
	색상환이 정확히 완성되었는가?						
	자연을 수집할 때 자연훼손을 최소화하려는 노력을 하였는가?						
	색상환을 만드는 모둠 활동에서 자신과 다른 견해나 관점을 존중하고, 자신의 의사를 전달하여 합의에 도달하였는가?						
	완성된 친구들의 작품을 보고 서로의 느낌과 생각을 전달하였는가?						
의견 및 평가							

- 파워포인트를 활용한 디지털 포트폴리오: 수업 시간에 컴퓨터를 활용하도록 하여 학습산출물을 파워포인트 형태로 제작
- 자유 형식의 포트폴리오: 포트폴리오 형식에 제한을 두지 않고, 작성 과제만을 제시하여 학습자 스스로 형식을 선택하여 작성
- 기타: 주제 관련 개인용 블로그를 개설하거나 디지털 교과서 및 위두랑을 활용한 온라인 포트폴리오 형태를 활용하기도 함

하루 플랜 짜기	
화요일(D-6)	
영어 듣기 1~10 공부 (← 아침, 쉬는 시간)	수능 특강 외국어 5강 외우기(학원)
세지 Print 앞부분 공부 (← 점심 시간)	윤리(동양 윤리 전개 4, 5)
수능특강 외국어 읽기 (← 저녁 시간)	포스 고전 문학 시조 끝내기
고전 문학 정리하며 공부(1교시)	완자 채점, 오답 정리
근현대사 누드 교과서 읽기	☐
완자 문제 풀고 오답 정리	☐

기본 시간표: 고정된 활동							
시간	일	월	화	수	목	금	토
06~07	수 면	수 면					
07~08		아침 식사, 세면					
08~09	아침 식사						
09~10	교회	오전 수업					
10~11							
11~12							
12~13		점심시간					
13~14	점심시간	오후 수업					
14~15							
15~16							
16~17							교회
17~18		저녁시간					
18~19	저녁시간						저녁시간
19~20		학원 수업					
20~21							
21~22							
22~23							
23~24							
00~01							
01~02							
02~03		수 면					
03~04							
04~05							
05~06							

포트폴리오의 수준은 교과 릴레이 수업 동안 학생들의 산출물을 모아 놓은 자료철의 형태에서부터 수업 산출물과 성찰을 통합한 형태까지 다양하게 만들 수 있다. 포트폴리오 서식의 형태는 활동지 형태가 가장 무난하지만, 파워포인트 템플릿, 자유 형식, 개인용 블로그 운영 등을 다양하게 활용할 수 있다.

(2) 1단계: 도입 활동

도입 단계에서의 교수학습 활동은 교과 연결형(릴레이) 수업의 오리엔테이션과 포트폴리오 작성 과제를 확인하는 것이다.

① 교과 연결형(릴레이) 수업 오리엔테이션

교과 연결형(릴레이) 수업의 오리엔테이션은 수업 안내와 동기유발로 구성된다. 수업 안내는 본격적인 수업을 시작하기 전에 수업의 목표, 관련 교과목과 진행 일정, 학습 유의점을 설명하는 것이다. 이때 수업 전 준비 활동(0- 3. 릴레이 주제 및 포트폴리오 작성 과제 설정)에서 만들어 놓은 교과 연결형(릴레이) 수업 흐름도([그림 3-4] 참조)를 제시하면 효과적이다. 교과 연결형(릴레이) 수업 흐름도를 교실 한쪽에 게시하여 학생들이 언제든지 확인할 수 있도록 하는 것도 좋다.

동기유발은 교과 연결형(릴레이) 수업의 전 과정에 학생들이 적극적으로 참여하도록 돕는 매우 중요한 요소다. 수업을 통해서 배울 수 있는 KDB 우산(지식, 기술, 태도)을 안내하는 방법이 있다. 또한 릴레이 수업의 유용성에 관해서 안내하는 사례나 영상을 제시할 필요가 있다.

Tips

☑ 동기유발의 방법

켈러(Keller)의 동기이론 중 관련성 전략을 활용하여 학습자의 동기를 유발한다. 다음 세 가지 방법을 통해 학생들에게 관련성을 제시할 수 있다.

• 친밀성: 친밀한 사건이나 인물 활용, 구체적이고 친숙한 그림 활용, 친밀한 예문이나

배경 지식의 활용 등 학습자의 경험과 가치에 연관되는 예시를 활용하여 학습 자체에 즐거움을 찾고 가치를 알 수 있도록 도와줌

- 목표 지향성: 릴레이 주제를 사회 문제나 쟁점 혹은 생활이나 욕구와 관련된 내용이나 주제로 정하여 수업이 현재와 미래의 일을 수행하는 데 도움이 될 것을 안내
- 필요나 동기와의 부합성 강조: 학습자의 능력과 흥미에 따라 다양한 수준의 목적을 제시하고, 비경쟁적이며 협동적인 상호학습 상황을 제시하여 학습의 과정에서 성취 욕구나 소속감의 욕구를 충족시킬 수 있도록 수업을 구성

Tips

☑ **게시판의 활용**

- 교과 연결형(릴레이) 수업을 성공적으로 운영하기 위해서는 수업 진행과 포트폴리오 작성 절차를 차트로 만들어 교실의 벽면에도 게시할 필요가 있음
- 수업 계획을 과목 담당 교사 및 개별 학생, 소집단, 전체 학생들이 알 수 있도록 공유하는 것임

☑ **팀 구성을 통한 상호 피드백 체제 활용**

- 학생들의 노력을 보상하고 학습의 효과를 높이는 데 도움이 됨
- 계획의 마지막에는 지역사회나 타인들을 대상으로 전시회를 열거나, 프로젝트의 결과를 점검받도록 하는 것도 효과적임

---

② 포트폴리오 작성 과제 확인하기

학생들은 교과 연결형(릴레이) 수업의 과정과 결과를 포트폴리오로 정리하게 된다. 수업 도입 단계에서 포트폴리오 작성 과제를 안내하고 서식을 배포하여 학습자들이 자료를 수집할 수 있도록 준비시킨다.

Tips

☑ **개인만의 포트폴리오 작성 목표 정하기**

- 포트폴리오 작성 과제와 목표는 미리 제시하는 것이 좋으나, 최종 과제물의 형태와 활용방안에 대해서 학생들의 의견을 존중하는 것이 좋음
- 포트폴리오 작성 과제를 확인하는 단계에서 최종 산출물(지난 학년도 개발물)을 예시로 보여 주어, 학생들이 학습 과정과 결과를 예상할 수 있도록 도와주어야 함

(3) 2단계: 전개 활동

전개 활동에서는 개별 교과목별로 수업을 진행한다. 다음 내용을 각 과목에서 반복하면 된다.

① 도 입

도입 단계의 수업은 교과형이나 교과 융합형 수업의 도입 단계와 유사하다. 다만 교과 연결형(릴레이) 수업에서 해당 과목의 수업이 갖는 의미와 관련 활동을 소개하고, 포트폴리오 작성을 격려한다는 점만 차이가 있다.

Tips

☑ **수업의 목표 및 필요성 주지시키기**

- 교과 연결형(릴레이) 수업은 두 개 이상의 교과(목)에 걸쳐서 수업이 진행되므로 학습자가 수업 내용을 통합하고 연결하는 것이 관건임. 따라서 학생들이 수업에 적극적으로 참여하고, 관련성을 탐색하도록 동기화시켜야 함
- 수업의 도입 활동이 학생들에게 교과 연결형(릴레이) 수업의 주제뿐만 아니라 과목별 학습 활동의 목표 및 필요성에 대해서 충분히 인식할 수 있도록 동기유발을 시켜야 함

Tips

☑ **포트폴리오 작성 격려하기**

- 도입 단계에서 전반부에 포트폴리오에 담을 자료를 수집 및 기록하는 방법을 안내하고, 수업의 진행 과정에서 중간 산출물과 최종 산출물, 그리고 성찰 정보를 수집하고 포트폴리오에 담을 수 있도록 격려하여야 함
- 포트폴리오의 작성방법을 안내하는 것보다 이전 학기 우수사례를 예시로 보여 주면 학생들이 더 쉽게 이해하는 경향이 있음
- 이전 학기 사례가 없는 경우에는 샘플로 포트폴리오를 미리 작성하여 예시로 보여주면 효과적임

---

② 교과 학습 활동

교과의 학습목표에 따라서 학습 활동을 진행한다. 제1장의 공통과정 수업 모형을 참고하여 수업을 진행하면 된다.

③ 교과 릴레이 수업 진행 및 과제 수행

교과 연결형(릴레이) 수업 목표에 따른 주요 활동을 진행한다. 수업을 진행하는 동안 포트폴리오 작성을 염두에 두고 시간을 운영하여야 한다. 그뿐만 아니라 각 과목의 담당 교사는 해당 교과목이 교과 연결형(릴레이) 수업에서 갖는 의미를 인지하고 있어야 한다. 첫 번째 교과목은 대체로 주제 탐색의 성격을 갖고,

---

Tips

☑ **과제 수행과정을 포트폴리오에 기록하도록 유도**

- 수업 중간마다 학생들에게 활동지를 작성할 시간을 충분히 부여
- 중간 산출물을 휴대폰이나 디지털카메라를 이용하여 사진으로 남기도록 안내
- 산출물과 함께 중간마다 소감을 기록하도록 유도하면 효과적임

중간에 진행되는 교과목은 적용하기의 성격을 가지며, 마지막에 운영하는 교과목은 평가하기의 성격을 갖는다.

④ 결과 공유 및 성찰

이번 수업 시간에 배운 내용을 공유하고 성찰한다. 나아가 이번 수업이 교과 릴레이 주제와 관련해서 갖는 의미와 성과를 성찰하고 다음 수업에서 학습할 내용과의 관련성을 설명한다.

Tips

☑ 성찰보고서 양식

질 문
1. 과제를 수행하면서 무엇을 배우고 느꼈는가?
2. 그 대안이 어떤 점에서 실질적으로 도움이 될 것이라고 생각하는가?
3 이 과제를 다시 시작한다면 배우고 싶은 점은 없는가?
4. 만약 ～이라면 어떻게 하겠는가?

---

(4) 3단계: 정리 활동
① 과목별 학습 산출물 및 성과 분석

정리 단계는 각 과목에서 만들어진 산출물을 하나로 연결하여 최종적인 학습 성과를 얻는 단계다. 대부분의 학습자는 수업 시간에 진행되는 학습 활동만으로도 교과 릴레이 과제를 완성할 수 있을 것이다. 그러나 그렇지 않은 일부 학생을 위해 과제를 다 하지 못한 학생이 있는지 확인하여 보완하고, 각 활동 간의 관련성을 확인할 수 있는 성찰 시간을 충분히 제공해 주어야 한다. 과제를 다 마친 학습자들도 수업을 마친 뒤 학습 성과를 종합하여 최종 산출물을 수정 및 보완하도록 격려한다.

② 포트폴리오 작성 및 공유

학습자들에게 최종 산출물과 성찰을 정리하여 포트폴리오를 완성하도록 한다. 포트폴리오의 형식에 따라서 매직, 색연필 등의 필기 자료나 컴퓨터 및 프린터 등의 장비를 구비하여 학생들이 포트폴리오를 다듬을 수 있는 시간을 준다.

포트폴리오를 공유하고 상호 피드백과 격려를 한 후 수업을 마무리한다. 포트폴리오를 공유하는 방법에는 교실을 포트폴리오 전시장으로 만들어서 갤러리 투어를 하는 방식, 자발적 참여자를 발표시키는 방식 등 다양한 방법이 있다. 또한 포트폴리오 피드백은 언어적 피드백을 하는 방법도 있지만 교과 융합형 수업에서 사용한 보고서 및 발표 평가표 예시를 참고하여 포트폴리오에 대한 동료 평가를 실시하는 것이 더 효과적이다.

Tips

✓ **포트폴리오 공유 활동**

- 전시회를 통한 성과 공유는 학생들의 노력을 보상하고 학습의 효과를 높이는 데 도움이 됨
- 계획의 마지막에는 지역사회나 타인들을 대상으로 전시회를 열거나, 프로젝트의 결과를 점검받을 수 있는 시간을 마련하도록 함

---

③ 수업 정리 활동

수업의 마지막 단계는 그동안의 학습 활동을 요약하고 학습 성과를 평가하는 것이다. 교사가 전반적인 학습 성과를 평가하고, 학습자 스스로 수업의 장점과 개선사항 등을 발표할 수 있도록 토론을 유도한다. 또한 학습자를 대상으로 수업 만족도 설문을 실시하여 수업의 성과 및 개선사항에 대한 아이디어를 얻도록 한다.

수업 적용 사례

‖ 표 3-3 ‖ 릴레이 수업 모형의 적용 사례

주 제	용돈 기입장으로 경제 습관 기르기		
관련 교과	사 회	기술·가정	미 술
수업 내용 및 방법	경제 생활의 각 단계별 특징과 자산관리의 필요성 인식과 비용·편익 분석 및 가계부(용돈 기입장) 쓰기	정보와 통신 기술의 특성을 이해하고, 개인 생활에서 활용하기	창의적인 발상을 통해 주제의 특징과 목적을 표현하기

1) 사전 활동

단계		주요 활동	비 고
		교수 활동	
사전활동	교육과정 분석 및 목표 역량 설정	• 교육과정의 수직적 스캔을 실시하고, 목표역량으로 학습 내용의 실천과 내면화를 주제로 용돈 기입장을 작성하여 경제관념 함양하기를 설정한다.	이 단계는 주로 교수자의 수업 준비 활동 단계임
	교과목 및 단원 매핑 및 교육과정 재구성	• 목표역량에 적합한 과목으로 사회, 기술·가정, 미술을 선정한다. • 사회 과목에서는 경제활동의 이해 단원에서 경제활동에서의 비용·편익을 계산하고 합리적인 선택을 하는 방법을 연습하는 학습 활동을 선정한다. • 기술·가정 과목에서는 정보와 통신 기술 단원에서 엑셀을 활용하여 가계부 또는 용돈 기입장을 만드는 학습 활동을 선정한다. • 미술 과목에서는 표현 단원에서 창의적인 발상을 통해 주제의 특징과 목적을 표현하는 학습 활동을 선정한다. • 해당 교과목의 단원 운영계획을 조정하여 비슷한 시기에 해당 내용의 학습이 진행되도록 재구성한다.	

단계	주요 활동	비고
	교수 활동	
	• 시간표상에서도 해당 교과목이 학급 재량 활동시간과 연결되어 운영되도록 조정한다.	
릴레이 주제 및 포트폴리오 작성 과제 설정	• 릴레이 주제를 '용돈 기입장으로 경제습관 기르기'로 선정한다. • 포트폴리오 작성 과제는 용돈 기입장을 만들어 1주일간 작성해 보고 느낀 점을 정리하여 발표하는 것으로 설정한다.	
포트폴리오 서식 개발	• 자율형 포트폴리오이기 때문에 별도로 서식을 개발하지 않는다. 표지 및 용돈 기입장 서식을 학생들이 스스로 만들도록 할 예정이기 때문이다. 다만, 학생들이 참조할 수 있도록 예시 포트폴리오를 개발해 둔다.	

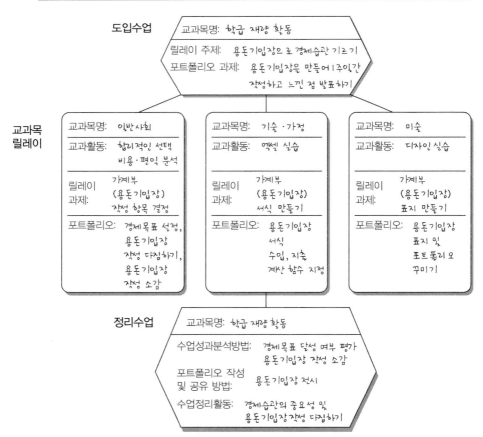

‖ 그림 3-5 ‖ **교과 연결형(릴레이) 수업 흐름도 예시**

2) 본 수업 활동

교 과		학급 재량 활동		
단 원		-	대 상	-
핵심성취기준		• 다양한 관심사나 새로운 일, 환경에 대한 관심을 갖는다. • 새로운 시도와 모험에 적극적으로 참여한다. • 당면한 과제를 해결할 때까지 계속적이고 끊임없는 시도를 한다.		
단 계		주요 활동		필요 자원
		교수 활동	학습 활동	
도입	관련성 제시를 통한 동기 유발	• 학생들의 수입, 지출, 저축 액에 대하여 질문한다. • 경제개념 검사를 실시한다. • 어렸을 적부터 경제관념을 가지고 수입과 지출을 관리 해야 함을 안내한다. • 이번 주에는 경제습관 기르 기를 주제로 교과 릴레이가 있음을 안내한다.	• 수입, 지출, 저축액에 대한 생각을 자유롭게 말한다. 학생의 수입은 용돈이라고 대답한다. • 경제개념 검사지를 작성하 고 결과를 확인한다. • 자신의 경제관념을 확인하 고, 경제습관 기르기를 다 짐한다.	경제개념 검사도구
	교과 릴레이 오리엔 테이션	• 교과 릴레이 목표를 안내 한다. • 교과 연결형(릴레이) 수업 흐름도를 교실 게시판에 붙 인다. • 교과 릴레이 수업 대상 교과 목(사회, 기술·가정, 미술) 을 설명하고, 각 수업 시간 의 학습 내용과 과제를 연결 하여 학습하도록 안내한다.	• 교과 연결형(릴레이) 수업 흐름도를 확인한다.	
	포트 폴리오 작성 과제 확인	• 포트폴리오 작성 과제는 용 돈 기입장을 만들어 1주일 동안 작성해 보고 소감 정리 하기이며, 이 과정에서 경제 관념 형성 여부를 성찰하고, 경제습관을 기르기 위한 계 획을 수립하도록 안내한다. • 예시 포트폴리오를 제시하 여 과제 이해도를 높인다.	• 포트폴리오 과제를 확인한다. • 이번 주 용돈 기입장 작성 목표(○원 모으기, 저축하 기 등)를 설정한다. • 교과목별 포트폴리오 작성 과제와 성찰 항목을 확인 한다.	예시 포트폴리오

교 과	일반사회		
단 원	XIII. 경제생활의 이해	**대 상**	중학교 1학년
핵심성취기준	• 사92063. 일생 동안 이루어지는 경제생활의 각 단계별 특징을 이해하고, 지속 가능한 경제생활을 위해 자산 관리의 필요성을 설명할 수 있다. • 사92062. 합리적 선택을 위해 비용과 편익을 분석하고, 기타 고려해야 할 요소들(예: 소득, 정보, 신용 등)을 제시하고 설명할 수 있다.		

단 계		**주요 활동**		**필요 자원**
		교수 활동	**학습 활동**	
전개 1	도 입	• 동기유발을 위한 퀴즈: 5명씩 팀을 만들어 해결안을 제시하도록 한다. – 〈퀴즈 1〉 편의점에 점심을 사 먹으러 왔는데, 2천원밖에 없다. 무엇을 사 먹어야 할까? – 〈퀴즈 2〉 학교에서 자선바자회를 하는데, 무엇을 가져다 얼마에 팔아야 할까? – 〈퀴즈 3〉 학생인 우리의 수입에는 어떤 요소가 있을까? • 시간을 주고, 학생들 스스로 의사결정 기준을 생각하도록 한다. 의사결정의 기준을 묻는다. 최종적인 의사결정의 기준을 정리하여 제시한다. • 학습목표를 설명하고, 교과 릴레이 수업과의 관계를 설명한다.	• 퀴즈에 대해 팀별로 논의하고, 의견을 수합하여 발표한다. • 〈퀴즈 1〉과 〈퀴즈 2〉는 다른 팀의 의견을 듣고, 최종적인 의사결정 기준을 정한다. • 〈퀴즈 3〉은 용돈과 아르바이트 등으로 한정적인 대답에서 시작하나, 선생님의 지도에 따라 저축의 이자, 벼룩시장 등도 수입이 되는 항목들임을 인지한다.	
	교과 학습 활동	• 인생주기에 따라 경제생활의 특징을 설명한다. • 자산의 유형과 관리방법을 설명한다.	• 청소년기의 경제생활의 특징을 확인한다. • 자신의 현재 자산을 확인한다.	인생주기 그래프

단계	주요 활동		필요 자원
	교수 활동	학습 활동	
	• 학창시절부터 지속 가능한 경제생활을 위한 자산관리의 필요성을 인식하도록 한다.	• 용돈 기입장을 작성하여 지속 가능한 경제생활을 위한 자산관리를 시작하기로 다짐한다.	
	• 합리적 선택을 위한 비용과 편익을 고려한다. 자원의 회소성, 기회비용, 매몰비용을 설명한다. • 추첨을 통해 합리적인 의사결정연습 과제를 제시한다.	• 퀴즈 1, 2, 3 중에 하나를 골라서 다음 순서에 따라 분석하여 합리적 의사결정을 한다. • 문제인식 → 자료 및 정보 수집 → 대안탐색 → 대안평가 → 대안선택 → 결과 반성 및 평가 단계	합리적 의사결정 과제 추첨함
릴레이 과제 수행	• 과제를 제시한다. – 1주일간 합리적 의사결정을 실시하고 결과를 용돈 기입장으로 남기기	• 과제 진행 방식에 대한 궁금증이 있는 경우 질문한다.	
결과 공유 및 성찰	• 수업 성과를 정리하고, 소감을 이야기하도록 한다. • 다음 미술 시간에는 용돈 기입장의 표지 만들기를 진행함을 안내한다.	• 포트폴리오에 수업산출물과 소감을 기록한다. • 교사의 다음 차시 예고를 듣고 다음 수업에 대한 기대감을 가진다.	포트 폴리오

교 과	기술 · 가정			
단 원	VI. 정보와 통신 기술		대 상	중학교 1학년
핵심성취기준	• 기9231-3. 정보 미디어 및 이동 통신 기기를 개인 생활에서 활용할 수 있다.			
단 계	주요 활동			필요 자원
	교수 활동	학습 활동		
전개 2 도 입	• 본 수업은 컴퓨터를 활용한 수업이므로, 원활한 운영을 위하여 2인 1조로 팀을 이루어 자리를 배치한다. • 앞선 일반사회 수업시간의 학습 내용 및 과제를 이해했는지 질문한다. - 용돈 기입장을 작성하고 합리적 의사결정을 했는지 확인하려면 어떻게 해야 할까? • 기술 · 가정 수업 내용과 연계한 질문으로 바꾸어 다시 묻는다. - 합리적 의사결정을 확인하기 위해서 분야별 지출, 수익, 편익 등을 계산하는 방법은? • 엑셀의 함수를 활용하여 분야별 지출액을 계산하는 사례를 보여 줌으로써, 엑셀의 실용적 사용가치를 학생들이 인식하도록 한다. • 이번 수업의 주제 및 진행 방법을 안내한다. - 2인 1조로 용돈 기입장 서식 개발, 투표하여 가장 훌륭한 서식 선정	• 합리적인 선택방법(비용 · 편익 분석, 소득, 정보, 신용) 등을 설명한다. • 교사가 제시한 자료에 주의 집중하고 호기심을 갖는다.		컴퓨터실

단계	주요 활동		필요 자원
	교수 활동	학습 활동	
교과 학습 활동	• 용돈 기입장에 포함되어야 할 항목에 대해 질문한다. • 용돈 기입장에서 자동으로 계산할 필요가 있는 기능에 대해 질문한다.	• 용돈 기입장에 포함되어야 하는 항목에 대한 견해를 말한다. • 용돈 기입장에서 자동으로 계산하여 통계 처리되면 좋을 기능을 말한다.	용돈 기입장 서식
	• 용돈 기입장 서식 만들기를 과제로 제시한다.	• 2인 1팀을 이루어 과제를 수행한다.	
	〈용돈 기입장 서식 분석 및 나만의 용돈 기입장 만들기〉 – 용돈 기입장 포함 내용: 수입, 지출, 잔액 – 용돈 사용 항목: 대항목, 소항목 구분 – 날짜별 지출액 합산하기 – 항목별 지출액 합산하기 – 나의 자산 계산하기		
	• 용돈 기입장 서식을 공유하도록 안내하여 학생들이 다양한 서식을 고르도록 한다.	• 용돈 기입장 서식을 사용해 보고, 자신의 팀 서식과 비교한다. • 용돈 기입장 서식 발표를 듣고, 장점과 개선사항을 하나씩 제시한다.	공유 게시판 또는 학급 웹하드
릴레이 과제 수행	• 가장 마음에 드는 서식을 다운받아 자신에게 필요한 용돈 사용 항목을 지정하도록 안내한다.	• 가장 마음에 드는 서식을 다운받아 나만의 용돈 기입장을 만든다.	
결과 공유 및 성찰	• 수업 성과를 정리하고, 소감을 이야기하도록 한다. • 다음 미술 시간에는 용돈 기입장의 표지 만들기를 진행함을 안내한다.	• 포트폴리오에 수업산출물과 소감을 기록한다. • 교사의 다음 차시 예고를 듣고 다음 수업에 대한 기대감을 가진다.	포트 폴리오

교 과	미 술		
단 원	II. 표현	대 상	중학교 1학년
핵심성취기준	• 미9212. 주제의 특징, 의도, 목적을 나타낼 수 있는 표현 방법을 탐색하여 표현할 수 있다. • 미9211. 새롭고 다양한 관점으로 아이디어를 발전시켜 주제를 설정할 수 있다. • 미9222. 표현 과정을 체계적으로 계획하여 표현할 수 있다.		
단 계	주요 활동		필요 자원
	교수 활동	학습 활동	
전개 3 — 도 입	• 자신의 개성을 표현하기 위하여 커스터마이징 하는 사례, 휴대전화 케이스와 바탕화면 사례 제시 – 이 휴대전화 주인은 어떤 사람일까? • 교과 릴레이 수업과 연계한 과제 안내 – 용돈 기입장과 포트폴리오의 표지 만들기 – 형식: 자유(컴퓨터 프로그램 이용 또는 물감을 이용한 그림 모두 상관없음)	• 자신의 휴대전화 케이스와 바탕화면을 설명하고, 자신의 개성을 어떻게 표현하는지를 평가한다.	
전개 3 — 교과 학습 활동 및 릴레이 과제 수행	• 자신의 개성을 표현하기 위하여 고민할 점은 무엇인가? – 목적: 표지 제작의 목적, 표지 포함 항목 – 제품 특성: 용돈 기입장 표지의 목적, 활용 가능한 형식, 제한점 – 나의 개성: 나의 특징, 부각하고 싶은 장점 – 나의 소망: 자산 관리를 위한 나의 다짐 • 표지를 스케치하도록 안내한다.	• 활동지를 작성하며 표지를 구상한다. • 스케치하면서 표지의 초안을 만든다. • 스케치 초안을 완성하면 컴퓨터나 물감을 이용하여 표지를 제작한다.	활동지, 컴퓨터 또는 물감과 종이

단 계	주요 활동		필요 자원
	교수 활동	학습 활동	
	〈채점 기준〉 	평가 요소	상	중	하	 |---|---|---|---|
표현 방법의 적합성	다양한 재료와 표현 방법을 선택하여 의도를 창의적으로 나타내었다.	몇 가지 재료와 표현 방법을 활용하여 의도를 표현하였다.	재료와 표현 방법 활용이 의도를 표현하는 데 적절하지 못하였다.
주제 표현의 독창성	창의적인 주제를 발전시키기 위해 적극적인 발상을 사용하여 자신의 개성을 참신하게 표현하였다.	창의적인 주제를 발전시키기 위해 발상을 사용하고 자신의 개성을 표현하였다.	창의적인 주제를 발전시키기 위해 발상을 사용하는 것이 적절치 못하고, 자신의 개성 표현이 적다.			
결과 공유 및 성찰	• 표지를 완성하면 활동지를 걷는다. • 수업시간에 완성된 중간 버전을 공유하고 평가한다. • 학급 재량 활동 시간에 최종 포트폴리오 평가를 실시함을 예고한다.	• 활동지를 제출한다. • 중간 버전을 발표하고 피드백을 받는다.	

교과	학급 재량 활동		
단원	–	**대상**	중학교 1학년
핵심성취기준	• 다양한 관심사나 새로운 일, 환경에 대한 관심을 갖는다. • 새로운 시도와 모험에 적극적으로 참여한다. • 당면한 과제를 해결할 때까지 계속적이고 끊임없는 시도를 한다.		

단계		주요 활동		필요 자원
		교수 활동	학습 활동	
정리	도입	• 2~3명을 지정하여 교과 릴레이 활동 중에서 가장 인상 깊었던 일을 하나씩 발표하도록 한다. • 교실을 한 바퀴 돌면서, 포트폴리오 작성 정도를 확인한다. • 포트폴리오 작성을 위한 추가 시간이 필요한 사람이 있는지 확인한다.	• 교과 릴레이 활동에서 인상적인 사건을 하나씩 대답한다. • 포트폴리오 작성을 위해 추가 시간이 필요한 경우, 손을 들어 의견을 이야기한다.	
	포트 폴리오 작성	• 수업시간별로 작성한 포트폴리오를 종합할 시간을 부여한다. • 교실을 순회하면서 어려움을 겪는 학습자를 지원한다. • 수업 성찰을 어려워하는 경우에는 교과별 목표와 교과 릴레이 목표를 다시 안내한다.	• 수업별 산출물을 모아서 포트폴리오에 포함될 내용을 선정한다. • 수업과정과 포트폴리오 작성과정을 통해서 자산관리와 디지털 리터러시, 예술적 표현능력의 성장 정도를 확인하고 학습 성과를 평가한다.	
	결과 공유 및 성찰	• 포트폴리오를 교실 한쪽 벽면에 전시하고 함께 감상한다. • 학습자들과 함께 우수 포트폴리오를 선정한다. • 학습자들의 수업 소감을 발표시킨다. • 수업 성과를 평가하고 노력을 치하하며 수업을 마무리한다.	• 포트폴리오 평가지를 작성한다. • 우수 포트폴리오를 추천하고 투표한다. • 수업 소감을 발표하고, 동료학습자의 소감을 듣는다.	포트 폴리오 평가지

부록 3-1   **교육과정 분석도구 1(수평적 스캔)**

- 교육과정 분석을 위하여 주차별로 교과의 단원을 분석한다.
- 시간상으로 인접한 주차의 학습 내용 간의 관련성을 확인하고 각 과목의 주차별 학습 내용의 통합 가능 활동을 확인한다.

시기	구 분	교과목 1	교과목 2	교과목 3	교과목 N
3월	단원 또는 주제				
	수업 주차 및 시수				
	수업 내용 및 방법				
	평가 내용				
	통합 가능 활동				
4월	주제				
	수업 주차 및 시수				
	수업 내용 및 방법				
	평가 내용				
	통합 가능 활동				...
5월	주제				
	수업 주차 및 시수				
	수업 내용 및 방법				
	평가 내용				
	통합 가능 활동				

| 부록 3-2 | **교육과정 분석도구 2(수직적 스캔)**

- 특정 주제 또는 간학문적 통합과 관련된 지식과 기능이 각 교과(목)에서 어떤 계열성을 가지고 있는지 살펴본다.
- 통합 지식 또는 특정 주제를 분석하여 관련 역량을 도출하고, 해당 역량을 포함하는 교과목의 단원을 탐색한다.

주 제:

관련 역량:

구 분	교과목 1	교과목 2	교과목 3	교과목 N
단원명				
수업시기				
수업 내용 및 방법				
평가 내용				
관련성				

부록 3-3 　**교육과정 매핑 서식**

- 릴레이 연결 교육과정 매핑을 위해서는 교과(목)의 제시 순서와 방법에 대한 고민이 필요하다.
- 아래 서식에 포스트잇을 붙여서 아이디어를 정리한다.
- 중간 산출물은 사진으로 찍어 저장해 두어야 아이디어를 서로 비교할 수 있다.

주 제:
관련 역량:

구 분	교과목 1	교과목 2	교과목 3		교과목 N
단원명					
성취기준					
릴레이 연결 과제				...	
수업 내용 및 방법					
수업 결과물					

부록 3-4 **교과 연결형(릴레이) 수업 흐름도**

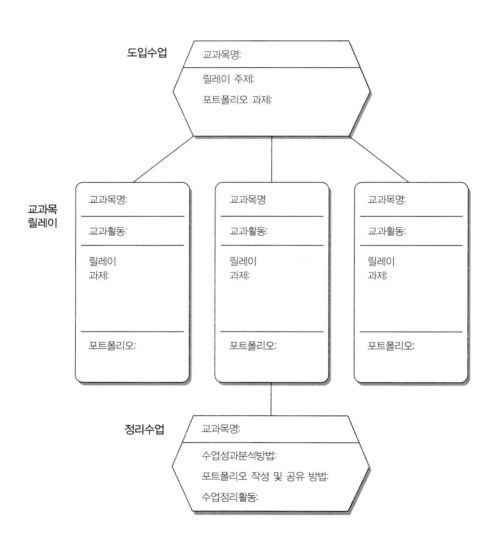

부록 3-5   **포트폴리오 평가 양식**

- 구체적으로 평가해야 하는 학습 요소를 제시하여 활용 가능하다.
- 동료평가를 통해 학생들은 구체화된 평가 내용을 활용하여 평가해 봄으로 써 공부해야 하는 요소를 정확하게 인지하게 되어 궁극적으로는 자신의 학 습에도 도움을 얻게 된다.
- 이 동료평가지는 교사의 조별 평가에도 활용 가능하다.

조 명	평가준거	구체적 평가 내용	평 가		하고 싶은 말
			○	×	
1조	과제 수행의 성실성				
	성장 정도				
2조	과제 수행의 성실성				
	성장 정도				

제2부 자율 활동 수업 모형

제4장 진로탐색형 수업 모형

1. 개 관

중학생은 자기이해를 바탕으로 다양한 직업 세계와 교육기회를 탐색하고, 중학교 이후의 진로를 계획하고 준비해야 하는 단계에 있다. 자신에 대한 긍정적인 자아개념을 형성하고, 자신이 어떤 사람인지에 대한 이해의 폭을 넓히며, 사람들과 좋은 관계를 유지하고 원만하게 의사소통할 수 있는 역량을 함양해야 한다. 또한 광범위하고 역동적으로 변화하고 있는 직업 세계에 대해 이해하고, 스스로 직업 세계를 탐색할 수 있는 준비를 해야 한다.

우리나라에 자유학기제를 도입한 취지는 어려서부터 견고한 자기이해를 바탕으로 직업인으로서의 자신의 역할 모델을 찾고, 자신에게 적합한 진로·직업을 탐색해 볼 수 있는 기회를 주기 위해서다. 따라서 학생들은 자신과 진로·직업 및 교육 세계에 대한 탐색을 바탕으로 중학교 졸업 이후의 진로를 다양하고 창의적으로 설계하고 이를 실천하기 위한 역량을 기를 수 있어야 할 것이다.

중학교에서 진로교육을 하는 목적은 학생들에게 자신의 적성과 소질을 탐색하여 스스로 미래를 설계해 나갈 수 있도록 체계적인 교육을 제공하는 것이다. 중학교에서의 진로교육은 '진로와 직업' 교과목을 통해 선택교과로 이루어지거나 자유학기 활동 중 학교 진로교육 프로그램을 통해 재구성하여 이루어질 수 있다. 또는 '교과 통합 진로교육' 으로 일반 교과에서 진로탐색 연계 프로그램을 개발하여 운영할 수 있다. 이 장에서는 학교 진로교육 프로그램을 운영하는 다양한 방안을 소개하고자 한다.

2. 학교 진로교육 프로그램을 통한 진로탐색 수업

학교 진로교육 프로그램(School Creative Career Education Program: SCEP)은 소질과 적성 중심 교육과정 운영과 학생의 창의적 진로개발 역량 함양을 지원하기 위한 진로교육 실천 프로그램이다(교육부, 2013a). 이 절에서는 자유학기 활동 중 진로탐색 활동으로 운영하기 위한 수업 모형과 수업 운영 절차를 제시하고자 한다.

1) 철학적 기반

세계적으로 학교 교육을 통한 진로교육의 중요성이 부각되고 다양한 교육 프로그램을 개발하고 적용하고 있는 추세다. 최근 우리나라에서도 진로교육의 중요성에 대해 인식하면서 자유학기제를 통해 중학생 때부터 자신에 대해 이해하고 진로 목표를 수립하는 교육을 실시하고자 많은 노력을 기울이고 있다. 학교 진로교육이 추구하는 교육철학은 다음과 같다.

☑ **자기성찰을 통한 진로 목표에 대한 확신:** 자신의 성격, 흥미, 가치관에 대한 성

찰을 통해 자신에게 부합하는 진로 목표를 수립한다. 학생 스스로 자신의 진로를 창의적으로 개발하고 민주시민으로서 행복한 삶을 살아가기 위한 인격을 함양하는 것을 우선으로 한다.

☑ **긍정적인 자아개념의 형성**: 긍정적인 자아개념의 형성은 빠르게 변화하는 사회적 흐름 속에서도 자신에 대한 신념을 잃지 않고 주도적으로 대응하게 할 수 있는 근원이다. 많은 연구에서 진로교육 프로그램의 운영이 자기 효능감, 정체감, 성숙도 등에 있어서 긍정적인 변화를 가져온다는 결과를 보고하고 있다. 진로탐색 활동을 통해 자신이 설정한 진로 목표와 계획에 대한 확신과 지원을 얻을 수 있는 기회를 제공할 수 있어야 한다.

☑ **사회의 일원으로서의 자기이해와 동료와의 협력**: 개인은 서로 다른 성격과 흥미 분야를 가지고 있고 저마다 계획하고 습득해야 할 역량들은 다르지만, 중학교 단계의 학생들은 어느 정도 유사한 고민과 어려움을 가지고 있기 마련이다. 이때 타인과의 대화를 통해 피드백을 주고받는 과정은 자신에 대한 이해를 돕고 서로의 사고를 명료화할 수 있는 기회가 된다. 연구 결과에 따르면 동료들과의 협력을 통한 학습은 자아존중감, 긍정적 학습 태도, 학습에 대한 흥미에 긍정적인 영향을 미친다(Johnson, Johnson & Smith, 1998). 학생들이 스승, 동료 또는 선배와의 협력과 사회적 관계 맺음을 통해 사회의 일원으로서의 자신의 존재를 확인하고 협력적으로 문제를 해결할 수 있도록 한다.

☑ **참여적이고 경험적인 교육 기회의 제공**: 진로교육의 주된 목적은 직업 세계에 대한 정보나 지식을 암기하는 데 있지 않고, 자신의 진로를 스스로 계획하고 실천해 나가기 위한 역량을 키워 나가는 데 있다. 따라서 진로교육은 강의 위주의 수업이 아니라, 직무 현장 체험, 직업 종사자와의 인터뷰, 자원의 탐색과 같은 학습자의 적극적인 참여와 경험을 강조하는 방향으로 수업이 이루어져야 한다.

2) 추구 목표

학교 교육을 통한 진로교육 과정은 크게 자신의 진로에 대해 인식하고 (awareness), 직업 세계에 대해 탐색하며(exploration), 탐색한 진로 목표에 도달하기 위한 준비를 하고(preparation), 마지막으로 직무 환경에 참여하고 자신의 삶에 대한 흥미나 선호도와 조화를 이루어 나가는 동화(assimilation)의 단계로 이루어진다(Brolin, 1997). 중학생의 시기는 직업 세계에 대해 탐색해 나가는 단계에 해당한다. 따라서 중학생의 시기에 이루어지는 진로교육에서는 직업 세계를 탐색해 나가는 활동들이 주로 이루어지게 된다.

중학교 단계에서는 초등학교에서 함양된 진로 역량을 근간으로 다양한 직업 세계에 대해 탐색하고 미래 자신의 진로에 대해 계획하고 준비하는 것을 목표로 한다. 중학교 단계에서 기대하는 진로교육의 목표는 다음과 같다.

- ☑ **긍정적 자아개념 강화**: 자신의 특성에 대한 이해의 폭을 넓히며 대인관계와 의사소통 역량을 발전시킨다.
- ☑ **직업 세계의 이해**: 직업 세계의 다양함과 역동적인 변화의 모습을 이해하고 자기주도적으로 직업 세계를 탐색할 수 있는 역량을 기른다.
- ☑ **관심 진로 · 직업에 대한 탐색**: 중학교 이후의 교육 경로, 직업인 역할 모델을 비롯한 관심 분야의 진로 · 직업에 관한 다양한 탐색과 분석을 바탕으로 자신에게 적합한 진로 · 직업을 탐색하는 역량을 기른다.
- ☑ **자신의 진로 · 직업 획득을 위한 역량 계발**: 자신과 진로 · 직업 및 교육 세계에 대한 탐색을 바탕으로 중학교 졸업 이후의 진로를 다양하고 창의적으로 설계하고 이를 실천하기 위한 역량을 기른다.

일반적인 진로교육의 내용과 절차는 한국고용정보원에서 제시한 진로개발모형(Career Development Program)을 따르고 있다. [그림 4-1]과 같이 4개의 영역으로 구성되며 학교급별로 각 영역에서의 성취기준과 수준을 다르게 설정하고 있

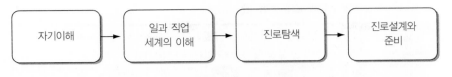

‖ **그림 4-1** ‖　**진로개발모형**

다. 첫 번째로, 자기이해 영역에서는 자신의 성격, 흥미, 적성, 가치관 등과 같은 개인적 특성들에 대한 이해와 자신이 속한 환경 속에서의 개인의 존재에 대한 인식의 두 가지 차원을 다루고 있다. 개인과 사회 그리고 환경에 대한 이해를 통해 자신에 대한 긍정적인 개념을 확립하는 데 목적이 있다. 두 번째로, 일과 직업 세계의 이해 영역은 새롭게 생기거나 쇠퇴하는 직업 분야 등과 같은 직업 환경의 변화와 직업인에게 요구되는 역량 및 태도를 이해하는 것을 주요 내용으로 하며, 다양한 직업 세계의 역동성을 이해하는 데 주된 목적이 있다. 세 번째로, 진로탐색 영역에서는 진학 및 직업 선택까지의 중요한 의사결정과 진로개발을 위한 능력이나 태도를 이해하는 것을 주요 내용으로 한다. 자신이 희망하는 진로 분야에 종사하는 직업인을 찾아보고 실질적인 직업 세계를 탐색해 보는 것을 포함하고 있다. 마지막으로, 진로 설계와 준비 영역에서는 중학교 졸업 이후의 진로를 다양하고 창의적으로 설계하고 이를 실천하기 위한 역량을 기르는 것을 주요 목적으로 한다. 그러나 이 4개의 영역을 순서대로 학습할 필요는 없다.

중학교급에서 다루는 진로교육의 내용과 성취기준은 〈표 4-1〉과 같다.

‖표 4-1‖ 학교 진로교육 목표와 성취기준

전체 목표	학생 자신의 진로를 창의적으로 개발하고 지속적으로 발전시켜 성숙한 민주 시민으로서 행복한 삶을 살아갈 수 있는 역량을 기른다.	
대영역	중영역	중학교(M) 세부목표 및 성취지표
I. 자아 이해와 사회적 역량 개발	1. 자아이해 및 긍정적 자아개념 형성	MI 1.1 자아존중감을 갖고 스스로를 돌보는 능력을 함양한다. MI 1.1.1 스스로에 대해 있는 그대로 자기평가를 할 수 있다. MI 1.1.2 자신이 가족, 친구, 지인들에게 중요한 존재임을 설명할 수 있다. MI 1.1.3 자기관리의 여러 방법을 알고 실천할 수 있다.
		MI 1.2 자신의 적성 및 흥미를 다양하게 탐색한다. MI 1.2.1 여러 가지 방법(직업심리검사, 중요한 타자에 의한 평 가)으로 자신의 적성을 파악할 수 있다. MI 1.2.2 여러 가지 방법(직업심리검사, 중요한 타자에 의한 평 가)으로 자신의 직업흥미를 파악할 수 있다. MI 1.2.3 자신의 적성과 흥미의 관계를 설명할 수 있다. MI 1.2.4 직업심리검사의 기능을 이해하고 설명할 수 있다.
		MI 1.3 자신의 꿈과 비전을 구체화시킨다. MI 1.3.1 자신의 꿈과 연결된 진로경로를 설명할 수 있다. MI 1.3.2 자신의 꿈과 관련하여 역할 모델을 찾을 수 있다.
	2. 대인관계 및 의사소통 역량 개발	MI 2.1 대상과 상황에 맞는 대인관계능력을 함양한다. MI 2.1.1 상황별로 상대방을 존중하며 대인관계를 맺을 수 있다. MI 2.1.2 서로 다른 생각, 감정, 문화 등을 존중하는 태도를 유지 할 수 있다.
		MI 2.2 효과적인 의사소통의 방법을 이해하고 활용한다. MI 2.2.1 경청과 설득 등 의사소통의 방법을 설명할 수 있다. MI 2.2.2 공감을 적절히 드러내며 타인과 의사소통할 수 있다.
II. 일과 직업 세계의 이해	1. 일과 직업의 이해	MII 1.1 다양한 직업 유형과 진로 경로를 이해한다. MII 1.1.1 여러 분야에 걸쳐 다양한 일의 유형과 직업 경로를 설 명할 수 있다. MII 1.1.2 직업이 갖는 개인적 · 사회적 기능에 대해 설명할 수 있다.
		MII 1.2 사회변동에 따른 직업 세계의 변화를 이해한다. MII 1.2.1 사회 변화가 직업 세계에 주는 영향을 설명할 수 있다. MII 1.2.2 새로운 직업과 사라진 직업에 대해 설명할 수 있다. MII 1.2.3 직업 세계의 변화가 자신의 진로에 미치는 영향을 파 악할 수 있다. MII 1.2.4 20년 후 나타날 새로운 직업이나 일의 유형에 대하여 말할 수 있다.

대영역	중영역	중학교(M) 세부목표 및 성취지표
Ⅲ. 진로 탐색	2. 건강한 직업의식 형성	MⅡ 2.1 직업 생활에서 윤리의식과 책임감의 필요성을 인식한다. MⅡ 2.1.1 자신이 가진 여러 가지 역할과 책임에 대하여 설명할 수 있다. MⅡ 2.1.2 직업 생활에서 윤리의식의 중요성을 설명할 수 있다. MⅡ 2.1.3 근로자로서 갖는 기본적인 권리에 대하여 설명할 수 있다.
		MⅡ 2.2 직업 생활에 대해 긍정적이며 적극적인 태도를 형성한다. MⅡ 2.2.1 사회 활동에 참여하고 직업 생활을 하는 것에 대해 긍정적인 태도를 가질 수 있다. MⅡ 2.2.2 일을 통한 경제적인 독립을 소중히 여기는 태도를 가질 수 있다.
		MⅡ 2.3 직업에 대한 고정관념을 극복하고 개방적인 인식을 발전시킨다. MⅡ 2.3.1 직업에 대한 고정관념의 문제점을 설명할 수 있다. MⅡ 2.3.2 고정관념을 극복한 사례 탐색을 통해 직업에 대한 개방적인 인식을 가질 수 있다.
	1. 교육 기회의 탐색	MⅢ 1.1 자신의 진로에서 학습의 중요성을 알고 노력한다. MⅢ 1.1.1 자신의 미래진로를 위하여 학습의 필요성을 이해하고 설명할 수 있다. MⅢ 1.1.2 학업 성취 수준을 높이고자 노력할 수 있다. MⅢ 1.2 고등학교의 유형과 특성에 대한 다양한 정보를 탐색한다. MⅢ 1.2.1 여러 고등학교의 유형에 대해 설명할 수 있다. MⅢ 1.2.2 원하는 진로에 관련된 고등학교를 여러 방법으로 탐색할 수 있다.
		MⅢ 1.2 고등학교의 유형과 특성에 대한 다양한 정보를 탐색한다. MⅢ 1.2.1 여러 고등학교의 유형에 대해 설명할 수 있다. MⅢ 1.2.2 원하는 진로에 관련된 고등학교를 여러 방법으로 탐색할 수 있다.
	2. 직업 정보의 탐색	MⅢ 2.1 구체적인 직업정보를 다양한 방법으로 탐색한다. MⅢ 2.1.1 다양한 방법과 자료를 통해 원하는 직업정보를 탐색할 수 있다. MⅢ 2.1.2 직업정보 탐색을 위하여 진로교사나 진로상담가에게 필요한 도움을 요청할 수 있다.

대영역	중영역	중학교(M) 세부목표 및 성취지표
IV. 진로 디자인과 준비		MIII 2.2 여러 직업에 대해 정보를 수집·분석하여 직업이해에 활용한다. MIII 2.2.1 직업체험을 통해 직업 정보를 수집할 수 있다. MIII 2.2.2 원하는 진로의 역할 모델에 대한 정보를 탐색할 수 있다.
	1. 진로의사 결정능력 개발	MIV 1.1 합리적인 진로의사결정능력을 함양한다. MIV 1.1.1 합리적인 진로의사결정을 위해 필요한 여러 가지 요소를 설명할 수 있다. MIV 1.1.2 변화하는 상황에 따라 의사결정을 변경할 수 있다.
		MIV 1.2 진로의사결정에서 진로장벽요인을 파악하고 해결하고자 노력한다. MIV 1.2.1 진로선택에 장애가 되는 진로장벽요인에 대해 설명할 수 있다. MIV 1.2.2 자신이 원하는 진로선택에 장애가 되는 진로장벽요인을 파악할 수 있다.
	2. 진로 계획과 준비	MIV 2.1 미래지향적이고 창의적인 자신의 진로를 설계한다. MIV 2.1.1 자신의 미래진로에 대하여 두 가지 이상의 시나리오를 만들어 볼 수 있다. MIV 2.1.2 자신의 미래진로 시나리오에 대하여 장단기 계획(고교·대학진학, 직업 등)을 세울 수 있다.
		MIV 2.2 고등학교 진학계획을 수립하고 준비한다. MIV 2.2.1 자신이 원하는 진로에 적합한 고등학교를 선택할 수 있다. MIV 2.2.2 원하는 고등학교에 입학하기 위해 다양하게 노력할 수 있다.

출처: 교육과학기술부(2012).

3) 수업 모형의 구조

앞서 정의한 바와 같이 진로탐색 활동에서 추구하는 교육의 주요 철학적 관점은 자신의 성격, 흥미, 가치관에 대한 성찰을 통해 스스로 자신의 진로 목표에 대한 확신을 갖고, 자신의 진로 목표와 진로 획득 계획에 대한 긍정적인 확신을 가지며, 사회의 일원으로서의 자신의 존재를 확인하면서 동료와의 적극적인 협

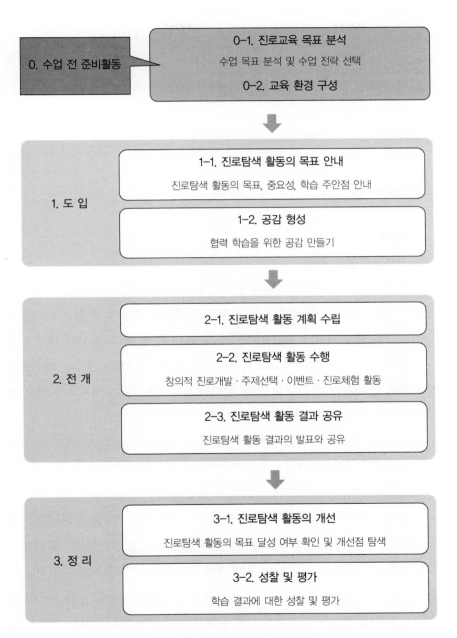

‖ 그림 4-2 ‖ 진로탐색형 수업 모형

력을 통해 문제를 해결하고, 직업 세계에 대해 적극적으로 참여하고 경험하는 과정을 통해 자신의 진로 계획을 실천해 나가는 것이다. 따라서 진로탐색 활동 중심의 수업 모형은 스스로 자신의 진로 목표를 설정하고 협업을 통해 탐색 과정을 계획하고 해결해 나가며 그 결과를 성찰하는 것을 주요 단계로 포함하고 있다. 진로탐색 활동 중심의 수업 모형과 각 수업 단계별 수행 내용은 [그림 4-2]와 같다.

4) 수업 만들기

(1) 0단계: 사전 활동
① 진로교육 목표 분석
이 단계에서는 진로탐색 활동에서 의도하는 수업의 목표를 명확히 제시하고 어떤 유형의 목표인지를 분석하는 활동을 수행한다. 진로탐색 활동의 목표는 학생 개인이 현재 가지고 있는 삶에 대한 문제가 될 수 있고, 자신이 가지고 있는 미래 비전에 대한 실천 계획의 설정일 수 있으며, 희망하는 진로를 얻기까지의 과정을 알아 가는 것일 수도 있다. 이러한 진로교육의 목표에 따라 수업을 어떻게 구성하고 실시할 것인가에 대한 설계가 선행되어야 한다.

〈표 4-2〉는 진로교육 목표에 따라 수업 운영 전략을 수립한 사례다. 표에 제시된 진로탐색 활동의 목표는 미래 진로에 대한 두 가지 이상의 시나리오를 만들어 보는 것이다. 본 수업의 목표는 미래 진로에 대한 시나리오를 만드는 지적 기능 유형의 목표이지만 해당 목표를 달성하기 위한 하위 기능을 살펴보면 진로 시나리오를 만들기 위한 대안들이 갖는 장단점을 고려할 수 있어야 하는 태도 기능의 목표를 포함하고 있다. 또 어떤 목표들은 운동 기능이나 언어적 정보 등을 포함할 수도 있을 것이다. 이러한 목표의 유형에 따라 적합한 수업 전략도 달라진다. 수업을 진행하기 이전에 어떤 유형의 목표이며 가장 적합한 수업 전략은 무엇인지에 대한 계획이 선행되어야 한다.

‖ 표 4-2 ‖ 진로교육 목표 분석과 수업 운영 전략의 수립

성취목표	수업 목표	수업 운영 전략
MIV 2.1.1 자신의 미래 진로에 대하여 두 가지 이상의 시나리오를 만들어 볼 수 있다.	• 인지적 기능: 두 가지 이상의 미래 진로 계획 시 나리오를 작성할 수 있다 • 태도적 기능: 두 가지 이상의 진로 계획이 갖는 장단점을 설명할 수 있다.	• 공통과정 통합 운영: 중학교 국어 '쓰기' 성취기준 '2937. 자신의 삶을 성찰하고 계획하는 글을 쓴다'와 연계하여 운영. 두 가지 이상의 자신의 미래 진로에 대한 시나리오를 만든다. • 자율과정 진로탐색 활동 운영: '자신의 꿈'이라는 주제로 모둠별로 공연을 만들어 발표한다.

Tips

☑ **목표에 따른 수업 전략의 선택**

• 자유학기제 운영의 원리는 단순히 기존의 창의적 체험활동을 늘리는 것이 아니라 학교의 자율적 선택에 의해 교과와 융합하여 또는 별도의 자율과정으로 시수를 안배하는 것

• 공통과정은 국가 수준 교육과정에서 제시하는 성취기준에 도달하는 것을 목표로 하는 데에 반해, 자율과정은 학생들의 성격, 흥미, 관심 등을 기반으로 운영되기 때문에 학교마다 다양한 형태의 활동을 운영

• 의도하는 진로교육의 목표에 따라 수업 방식이나 전략이 매우 달라짐

---

② **교육 환경 구성**

진로탐색 활동의 주요 교육철학은 사회의 일원으로서의 자기이해를 돕고 동료와의 협력을 통한 참여적이고 경험적인 교육 기회를 제공하는 것이다. 따라서 동료와의 협력이 가능한 공간의 구성과 실제로 문제를 해결해야 할 환경을 제공하는 것은 수업에 있어서 매우 중요한 요건이다. 협력적 학습이 이루어지기 위한 형태로 적절히 공간을 배치하고, 협업의 효과를 높일 수 있도록 필요

한 물품을 구비해야 한다. 또한 교사 이외에도 더 필요한 인적 자원을 확보하여 수업이 진행될 맥락을 제공해야 한다. [그림 4-3]과 같이 모둠 활동이 원활하게 이루어질 수 있도록 수업 시작 전에 미리 책상을 배치해 두고 필요한 비품을 구비하도록 한다.

‖그림 4-3‖ 모둠 활동을 위한 공간 구성과 아이디어 도출을 지원하기 위한 비품 준비

(2) 1단계: 도입 활동

도입 단계에서 주로 이루어져야 하는 수업 활동은 진로탐색 활동의 목적과 수업의 방향성에 대해 명확히 안내하고, 동료와의 협업을 통해 원활하게 수업이 이루어질 수 있도록 팀 구성원 간 공감을 형성하는 것이다.

① 진로탐색 활동의 목표 안내

수업이 시작되기 전에 그 수업이 가지는 목표, 수업 전략, 평가 방법에 대하여 명확히 안내할 수 있도록 한다. 수업 목표에 대한 기대감의 형성은 수업의 효과성을 좌우하는 매우 중요한 요소다. 삽화나 동영상 등을 이용하여 수업 목표와 구조를 명확하게 안내하고, 학생들이 이미 알고 있는 사실이나 학습자의 관심 분야와 직접적 관련이 있는 내용을 제시하여 수업에 대한 관심을 높이며, 수업을 성공적으로 이행했을 때의 기대감을 적절히 형성해 주어 학생들이 수업에 몰입할 수 있도록 한다.

② **공감 형성**

공감 형성 단계에서의 주요 활동은 효과적인 협력 학습이 일어날 수 있도록 팀 구성원 간 팀워크와 공감을 형성하는 것이다. 진로탐색형 수업의 기본 철학 중 하나는 사회의 일원으로서의 자기이해와 동료와의 협력을 통해 진로를 탐색해 보는 것이다. 문제를 해결할 때까지 최상의 협력 관계를 유지하기 위해 팀워크를 형성하는 것은 진로탐색 활동에 있어서 필수적인 요소 중의 하나다. 재미있는 활동을 통해 각자 팀만의 팀워크를 만들 수 있도록 한다. 팀으로 접근하면 전문가 한 사람의 해결책보다 더 획기적인 해결방안을 만들 수 있다. 문제 해결을 위한 모둠을 구성하고 구성원 간의 강한 유대 관계가 형성될 수 있도록 독려하는 것이 필요하다. 때로는 모둠원 간의 신뢰가 형성되지 않아 의도한 교육 목적에 다다르는 데 실패하는 경우가 발생한다. 모둠을 구성할 때는 임의로 구성

‖표 4-3‖ **직업 선호도에 따른 팀 내 역할 분담 활동지**

직업 선호도	흥미	역할	세부 역할	팀원 이름
손재주가 좋고 망가진 기계를 고치는 것을 좋아함	현실형	엔지니어	문제 해결을 위한 모형이나 결과물을 만들어 냄	
어떤 사실을 분석하고, 깊이 있게 배우는 것을 좋아함	탐구형	박사	문제 해결을 위한 자료를 모으고 문제 해결 절차를 만듦	
감성적이며 그림, 악기 연주, 감상 등을 좋아함	예술형	디자이너	발표 자료를 만들거나 결과물을 매력적으로 만듦	
사람들과 어울리기를 좋아하며 도움을 주고 싶어 함	사회형	분위기 메이커	팀원들이 잘 협력할 수 있도록 분위기를 만듦	
새로운 모험을 떠나거나 사람들을 설득하고 통솔하는 일을 좋아함	진취형	리더	팀 리더로서 진행 상황을 점검하고 구성원들이 제 역할을 잘 수행할 수 있도록 중재함	
계획을 잘 세우고 꼼꼼하며 체계적인 일들을 좋아함	보수형	매니저	팀 활동이 주어진 시간 안에 진행될 수 있도록 독려하고 관리함	

하거나 원하는 학생들끼리 구성하는 것보다는, 같은 목적이나 동기를 가진 학생들끼리 구성하는 것이 좋다. 4~5명으로 한 팀을 구성한다. 한 팀 안에 다양한 관점과 성향을 가진 사람들이 모이면 더 많은 아이디어를 낼 수 있다.

팀을 만든 후에는 팀을 이끌 리더와 팀원들의 역할을 정한다. 팀원의 역할은 임의로 정할 수도 있지만, 구성원들의 장점, 특기, 관심 등에 따라 원하는 역할을 맡을 수도 있다. 〈표 4-3〉은 개인의 직업에 대한 선호도에 따라 팀 내에서의 역할을 정하도록 한 사례다.

팀원의 역할을 정한 후에는 [그림 4-4]와 같이 팀워크를 만들기 위한 활동을 진행한다. 팀 이름과 팀의 규칙 등을 정하여 공유하고 과제를 끝낼 때까지 견고한 팀워크와 공감을 유지할 수 있도록 한다.

우주 최강 팀 이름:		
리 더:		
팀 원:	**역 할**	**이 름**
팀구호:		
팀규칙: •		
•		
•		

‖ **그림 4-4** ‖ **팀 활동을 위한 역할 분담과 규칙 정하기 활동지**

Tips

☑ 팀원 간의 공감을 형성하기 위한 활동 사례

절절한 공감 활동을 진행하면 구성원 간 팀워크 증진에 효과적이다. 구성원 간 공감이 원만하게 이루어진다면 협력적인 진로탐색 활동의 효과를 배가시킬 수 있다. 공감 활동은 되도록 해당 수업의 내용과 직접적인 관련이 있는 활동일수록 더욱 좋다. 다음은 공감 형성을 위한 마시멜로 챌린지 활동 사례이다.

☑ 마시멜로 챌린지

톰 워젝(Tom Wujec)이 〈TED〉에서 소개한 마시멜로 챌린지 게임은 실, 스파게티 면, 테이프 등의 비교적 간단한 재료를 이용하여 협업을 경험해 볼 수 있는 게임이다. 동료들과의 협력을 통해 빠르게 실행하고 실패를 바탕으로 새롭게 도전하는 과정을 경험해 볼 수 있다.

• 준비물: 실, 스파게티 면 20개, 테이프, 마시멜로, 가위, 막대자 또는 줄자
• 방 법:

① 주어진 재료를 이용하여 책상이나 지면에서 가장 높은 곳에 마시멜로를 위치시킴
② 실을 천장에 붙여서는 안 됨
③ 주어진 시간이 종료되었을 때, 책상이나 지면에서 마시멜로까지의 거리를 잼
④ 책상이나 지면에서 마시멜로까지의 거리가 가장 긴 팀이 우승
• 주의점
 – 명확한 시간 제한 설정(약 20분)
 – 실패를 걱정하지 말고 여러 번 시도하고 수정하는 과정을 거치도록 장려

출처: http://www.marshmallowchallenge.com

(3) 2단계: 전개 활동

수업 전개 활동은 진로탐색 활동의 목적에 부합하는 활동이 효과적으로 진행될 수 있도록 진로탐색 활동을 위한 구체적인 계획을 세우고, 계획에 따라 진로탐색 활동을 수행하며, 그 결과를 공유하는 단계다.

① 진로탐색 활동 계획 수립

진로탐색 활동 계획 수립 단계는 수업 목표에 맞는 적절한 수업 전략과 교수학습 모형을 적용하여 효과적인 수업이 이루어지도록 계획하는 단계다. 의도하는 수업 목표에 맞는 세부 진로탐색 활동 계획을 수립하도록 한다. 진로탐색 활동은 참여적이고 경험적인 교육 기회를 제공함으로써 자연스럽게 관심 있는 진로 분야에 대한 경험의 장을 넓혀 주고 자신의 진로 목표에 대한 확신을 가지게

‖표 4-4‖ 진로탐색 활동에서 주로 사용되는 교수학습 방법

교수학습 방법	수업 운영 개요	수업 주제 및 사례
창의적 진로개발 활동 프로그램	• 진로탐색 활동 영역에서 창의적 진로개발 활동이 필요한 영역에 대한 성취 목표별 · 단원별 학습 진행	• 나의 소중함 • 나의 성격 이해 • 가정의 의미 • 트렌드와 창업 • 진로 계획의 중요성 • 창업가 정신의 함양
주제 선택 활동	• 주제 선택 활동을 신청받거나 선정하여 운영 • 학생들은 일정 기간에 주제 탐구를 수행하고 그 결과를 발표하여 공유	• 우리 학교 가요제를 열어요 • 행복한 우리 마을 공동체를 만들어요 • 창업에 도전해요
이벤트	• 이벤트 진행을 통한 진로탐색 활동	• 과학 탐구 발표 대회 • 나의 꿈 발표 대회 • 자기주도 진로 역량 계발 실천 주간 • 가족 사랑 실천 주간
진로체험 학습	• 학교 내 · 외 현장 체험을 기반으로 하는 학습	• 제5장 진로체험형 수업 모형 참조

하는 것을 주된 목적으로 한다. 진로탐색 활동은 매우 다양한 방식으로 운영되고 있으며 기존에 개발된 수업 사례들을 참조하여 응용할 수 있다. 진로탐색 활동에서 주로 쓰이는 교수학습 방법은 〈표 4-4〉와 같다. 교수학습 방법에 따라 구체적인 수업 운영 절차는 달라진다.

② 진로탐색 활동 수행

이 단계는 목표로 하는 진로탐색 활동을 실제로 수행하는 단계다. 진로탐색 활동 유형별로 다음과 같은 세부적인 절차에 따라 수업을 운영하도록 한다.

✓ 창의적 진로개발 활동 프로그램

창의적 진로개발 활동 프로그램이란 개인의 소질과 적성을 바탕으로 자신의 진로를 창의적으로 개발하고 지속적으로 발전시킬 수 있는 역량을 기르기 위한 학습 활동을 의미한다. 진로탐색 활동에서 진로개발에 대한 역량 개발이 필요한 경우 해당 주제에 대한 단원 학습을 진행한다. 단원 학습이라고 해서 강의식 교수법을 의미하는 것은 아니다. 문제 해결 학습(Problem-based Learning), 자원 기반 학습(Resource-based Learning), 사례 기반 학습(Case-based Learning), 게임 기반 학습(Game-based Learning) 등 다양한 교수법을 활용할 수 있다. 〈표 4-5〉는 학교 진로교육 프로그램(SCEP)을 활용한 자유학기제 진로탐색 프로그램의 일환으로 한국직업능력개발원에서 개발한 창의적 진로개발 활동 프로그램의 개요다. 활동지는 커리어넷(http://www.career.go.kr) 진로교육코너에서 다운로드하여 활용 가능하다.

‖표 4-5‖ 창의적 진로개발 활동 프로그램의 예

영 역	활동지 코드	활동지 제목	소요 시간
1. 자아이해와 사회적 역량 개발	M I 1.1.1 A1	한번 해 보자!	1교시
	M I 1.1.3 A1	시간 관리 방해 요인 점검	1교시
	M I 1.1.3 A2	나의 친구 관리	1교시

영 역	활동지 코드	활동지 제목	소요 시간
	MⅠ 1.1.3 A3	나의 건강관리	1교시
	MⅠ 1.1.3 A4	'돈' 이란?	1교시
	MⅠ 1.1.3 A5	지출기록장 기록하기	1교시
	MⅠ 1.2.1 A1	나의 직업 적성 알아보기	2교시
	MⅠ 1.2.1 A2	적성 카드로 알아보는 직업 적성	1교시
	MⅠ 1.2.2 A1	나의 직업흥미 알아보기	2교시
	MⅠ 1.2.3 A1	적성과 흥미와의 관계에 대한 이해	1교시
	MⅠ 2.1.2 A1	'다름'에 대한 이해와 존중	1교시
	MⅠ 2.2.1 A1	나 전달법	1교시
	MⅠ 2.2.2 A1	상상 나무 그리기와 이야기 전달	3교시
2. 일과 직업 세계의 이해	MⅡ 1.1.1 A3	다양한 직업 세계 알아보기	2교시
	MⅡ 2.3.1 A1	직업에 대한 고정관념 살펴보기	1교시
	MⅡ 2.3.2 A1	직업에 대한 편견과 고정관념 극복하기	1교시
3. 진로탐색	MⅢ 1.1.1 A2	공부 방법 진단 검사	2교시
	MⅢ 1.1.1 A3	공부의 방해꾼 점검하기	1교시
	MⅢ 1.1.1 A4	공부의 방해꾼 잡기	1교시
	MⅢ 2.1.2 A1	우리 학교, 지역사회 진로교육 자원 알아보기	1교시
	MⅢ 2.1.2 A2	신생 및 이색 직업 찾아보기	1교시
	MⅢ 2.2.1 A2	새로운 직업, 미디어로 체험하기	1교시
	MⅢ 2.2.1 A3	흥미로운 직업, 미디어로 체험하기	1교시
	MⅢ 2.2.1 A4	창업이야기, 미디어로 체험하기	1교시
4. 진로 디자인과 설계	MⅣ 1.1.1 A1	진로의사결정 고정관념 알아보기	1교시

출처: 진미석(2013), p. 117.

☑ 주제 선택 활동

주제 선택 활동이란 특정 주제에 대한 문제를 협력적으로 해결해 나가는 과정을 통해 학습을 수행해 나가는 방법이다. 주제 선택 활동의 기본적인 절차는 주제 선택 활동을 위한 목적을 확인하고, 계획을 세우며, 가용한 자원을 확인하고 수집하며, 협력을 통해 주제 탐구를 수행하고 그 결과를 공유하고 성찰하는 단계로 이루어진다. 단계별로 이루어져야 하는 주요 교수학습 활동과 진로탐색 활동으로 개발한 사례는 〈표 4-6〉과 같다. 탐구 주제는 성취지표 'MIV 2.1 미래 지향적이고 창의적인 자신의 진로를 설계한다'의 달성을 위한 것으로, 주제는 '미래 트랜드의 예측과 그에 부합하는 창업 아이템 설계'다. 이 수업은 한 학기 동안 자율 탐구 활동 형식으로 진행한다.

‖표 4-6‖ 주제 선택 활동 개발 사례

단 계	주요 교수학습 활동	주제 선택 활동 사례	일 정
준비하기	주제 탐구에 필요한 자원의 탐색 및 준비	• 스마트북 MIV 2 '직업창조와 앙트러프레너십': 창의적으로 직업을 결정하고 준비한 사람들의 사례 • 지역사회에서 사업을 운영하고 있는 창업가 섭외 • 학부모 명예교사 섭외 • 관심 직종별 팀 구성	2주
주제 선정하기	팀별 또는 학급별 진행할 탐구 주제의 선정	• 미래 트랜드의 탐색 • 우리 동네 또는 지역사회의 특수성 탐색	2주
활동 계획하기	주제 선택 활동 기획과 절차의 확인	• 트랜드 또는 지역사회의 특수성을 반영한 창업 아이템의 선정	2주
자료 조사하기	주제 선택 활동 진행에 필요한 자료의 수집과 검토: 방문, 면담 및 문헌 조사	• 지역사회에서 관심 분야 창업가 면담 • 창업을 위한 문헌 조사	2주
주제 탐구 진행하기	주제 선택 활동의 진행: 협력과 토의	• 창업 계획의 수립	2주
결과물 개발	연극, 보고서, 대본 등의 다양한 형태의 결과물 개발	• 창업 계획 발표 준비	4주
발표 및 공유하기	결과 발표와 공유	• 팀별 발표 및 공유	1주
성찰 및 평가하기	자기, 동료 평가와 주제 선택 활동 진행 과정에 대한 성찰	• 다른 팀의 창업 계획에 대한 피드백 제공 • 주제 선택 활동의 기획과 결과에 대한 성찰 활동	1주

Tips

☑ **주제 선택 활동 운영을 위한 참고 자료**

교육부와 한국과학창의재단에서는 주제 선택 활동 시 참고할 만한 프로그램을 제공하고 있다.

출처: http://www.ggoomggil.go.kr

출처: http://www.crezone.net

☑ **이벤트**

자유학기제를 운영할 때 우려되는 점 중의 하나는 진로탐색 활동이 일회성 이벤트에 그칠 수 있다는 점이다. 정규 교과목이나 동아리 활동 등을 통해 정기적으로 편성되지 못하고 행사 위주의 단편적 활동에 그치게 될 수 있기 때문이다. 그러나 이벤트를 통해 자유학기제 운영의 취지를 알리거나 비교적 지속적으로 성취지표 달성을 실천해 나갈 필요성이 있는 경우에는 취지에 맞는 행사를 따로 운영할 수 있다.

그 사례로 2015년 문화체육관광부가 주최하고 한국문화예술교육진흥원이 주관했던 '상상만개' 프로그램은 고등학교 3학년 학생들과 예술가들이 만나 랩, 액션드로잉, 무용, 영화 등을 매개로 닫혀 있던 몸과 마음의 감각을 깨우고 나를 찾아가는 경험을 일깨워 준 이벤트라고 할 수 있다. 이 프로그램은 대구를 시작으로 부산과 광주광역시에 이르기까지 학교별로 참가 신청을 받아 진행되었다. 학교별로 진행되었던 프로그램 중 '우리 학교 졸업 댄스' 등의 행사는 밀가루 투척 등으로 빛이 바랜 졸업식의 의미를 되살려 줄 수 있었던 프로그램 중의 하나라고 할 수 있다.

Tips

☑ **진로탐색 활동에서 활용 가능한 프로그램**

한국직업능력개발원 창의적 진로개발(SC+EP) 프로그램 사이트에는 '진로와 직업' 교과목을 운영하기 위한 스마트북뿐만 아니라 다양한 예시 프로그램을 제공하고 있다.

출처: http://scep.career.go.kr/scep.do

한국직업능력개발원에서 운영하는 커리어넷에서는 '아로플러스'라는 학생 흥미 및 적성 검사 시스템을 제공하고 있다. 심리검사뿐만 아니라 초등학생이나 중학생이 관심 있어 하는 직업에 대한 정보를 함께 제공하고 있다.

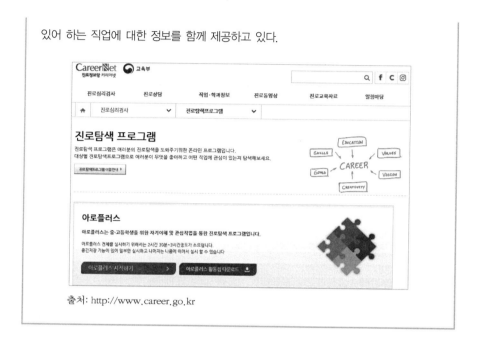

출처: http://www.career.go.kr

③ 진로탐색 활동 결과 공유

팀별로 진로탐색 활동 결과를 발표하고 동료들과 공유하는 시간을 갖는다.

(4) 3단계: 정리 활동
① 진로탐색 활동의 개선

진로탐색 활동의 개선 단계에서는 여러 가지 유형의 진로탐색 활동이 목적에 맞게 이루어졌는지를 점검한다. 더 나은 진로탐색 활동으로 이어지기 위해서는 어떤 점들이 개선되어야 하는지에 대한 의견을 공유하고 새로운 아이디어를 정리하는 활동을 통해 진로탐색 활동이 개선된 방향으로 지속적으로 운영되도록 독려할 수 있다. [그림 4-5]와 같이 진로탐색 활동을 통해 얻은 좋은 점과 개선점은 무엇인지 적어 보게 한다. 동료들이 진로탐색 결과에 대해 새롭게 제기한 질문과 질문에 대한 새로운 아이디어를 정리해 본다.

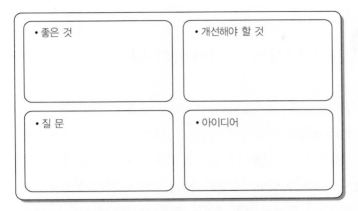

||그림 4-5|| 더 좋은 진로탐색 활동을 위한 아이디어 만들기 활동지

② 성찰 및 평가

마지막 단계인 성찰 및 평가 단계에서는 이 수업을 통해 느낀 점에 대해 성찰하는 시간을 갖도록 한다. 수업 진행 과정이나 결과에서 얻은 소감을 발표하고 그 결과에 대해 교사와 학생들 간에 상호 피드백을 제공한다. [그림 4-6]과 같이 수업을 통해 새롭게 얻은 가치에 대해 정리해 볼 수 있다. 그리고 수업 활동 중 힘들거나 불편했던 점이 있다면 어떤 점을 보완할 수 있는지 논의해 볼 수 있다.

수업을 통해 달라진 점을 적어 봅시다.

수업 시간을 통해 새롭게 얻은 가치는 무엇인가요?

더 실천해 볼 것들은 무엇인가요?

더 필요한 것들은 무엇이 있을까요?

||그림 4-6|| 수업 방법이나 결과에 대한 성찰 활동지

3. 진로탐색형 수업에서의 평가

자유학기제 운영 기간에는 별도의 지필 시험을 실시하지 않기 때문에 학교별로 자유학기 취지에 맞는 평가 방법을 마련하고 생활기록부에 기재해야 한다. 자율과정에 해당하는 진로탐색 활동은 기존의 창의적 체험활동 상황의 진로활동 부분에 기재하게 된다. 상세한 내용은 「2013 학교생활기록부 기재요령」에 준하여 기재한다. 학생의 활동 참여도, 의욕, 태도의 변화와 관련하여 입력한다. 진로탐색 활동의 평가 방법으로는 관찰, 자기성찰, 포트폴리오 평가 등을 활용할 수 있다. 진로 활동과 관련된 세부 활동은 〈표 4-7〉과 같다.

‖표 4-7‖ 진로 활동 관련 세부 활동

진로 활동	자기이해 활동	자기이해 및 심성 계발, 자기정체성 탐구, 가치관 확립 활동, 각종 진로 검사 등
	진로정보탐색 활동	학업 정보 탐색, 입시 정보 탐색, 학교 정보 탐색, 학교 방문, 직업 정보 탐색, 자격 및 면허 제도 탐색, 직장 방문, 직업 훈련, 취업 등
	진로 계획 활동	학업 및 직업에 대한 진로설계, 진로 지도 및 상담 활동 등
	진로체험 활동	학업 및 직업 세계의 이해, 직업체험 활동 등

출처: 교육부(2013b), p. 35.

Tips

☑ 자기평가 양식 사례

각 문항당 5점 만점입니다. 총 40점 만점 기준으로 나의 진로탐색 활동에 대해 점수를 부여해 봅시다.

번호	문항	5 매우 그렇다	4 그렇다	3 그저 그렇다	2 그렇지 않다	1 전혀 그렇지 않다
1	내가 의도한 진로탐색 목적에 부합하는 활동이었다.					
2	진로탐색 활동은 내가 희망하는 진로를 계획하는 데 도움이 되었다.					
3	나는 진로탐색 활동에 적극적으로 참여하였다.					
4	나는 모둠원들과 적극적으로 협력하였다.					
5	진로탐색 활동은 흥미로웠다.					
6	진로탐색 활동 방식은 적절하였다.					
7	진로탐색 활동에 또 참여하고 싶다.					
8	본 활동은 다른 친구들에게 추천할 만한 것이었다.					
개 수		__개	__개	__개	__개	__개
총 점		_____점				

☑ 생활기록부 기재 사례

진로 활동	자기이해 활동	자기주도적 학습 실천 주간 행사에 참여하여 자신의 생활을 개선하기 위한 실천 전략을 세우고 플래너에 기록한 후 매일매일 실천함 (2017. 5. 1.~5. 7.)
	진로정보탐색 활동	
	진로 계획 활동	
	진로체험 활동	

4. 수업 적용 사례

진로탐색 활동 중심의 수업 사례를 살펴보면 다음과 같다. 이 수업은 I. 자아이해와 사회적 역량 개발 영역에서 '자아이해 및 긍정적 자아개념 형성' 영역에 해당하는 수업 내용이다. 세부 목표는 'MI 1.2 자기관리의 여러 방법을 알고 실천할 수 있다'이며, 성취지표는 'MI 1.2.1 자기 생활 습관의 문제점을 파악하고 개선할 수 있다.'다. 활동 내용은 '자기관리 실천 계획 만들기'에 해당한다. 수업 목표는 '자기 생활 습관의 문제점을 파악하고 개선하기 위한 실천 계획을 세울 수 있다'로 설정하였다. 이 수업을 위해 수업 전 그룹 활동이 가능한 공간을 마련하고 프로토타입 제작을 위한 색지, 테이프, 줄, 끈, 스티커, 칼, 가위, 빨대, 종이컵 등의 비품을 준비한다.

‖표 4-8‖ **진로탐색형 수업 모형의 적용 사례**

구 분		내 용
교과 목표	대영역	I. 자아이해와 사회적 역량 개발
	중영역	자아이해 및 긍정적 자아개념 형성
목표 역량	성취 목표	MI 1.2 자기관리의 여러 방법을 알고 실천할 수 있다. MI 1.2.1 자기 생활 습관의 문제점을 파악하고 개선할 수 있다.
	활동 목표	자기 생활 습관의 문제점을 파악하고 개선하기 위한 실천 계획을 세울 수 있다.

단계		주요 활동		필요 자원
		교수 활동	학습 활동	
도입	목표 안내	• 우리의 생활 습관 중에서 개선하고 싶은 부분을 찾아 해결 방안을 모색해 보자.	• 생활 습관에 대해 생각해 보기	
	공감 형성	• 4인 1 모둠을 형성한다. ① 생활 습관 때문에 우리가 겪는 어려움을 이야기해 보자. ② 친구들의 고민을 들어보자. ③ 비슷한 고민을 가진 친구들의 의견을 들어보자. ④ 돌아가며 친구들의 고민을 들어보자. ⑤ 비슷한 고민을 가진 친구들끼리 모둠을 형성한다.	① 포스트잇에 현재 자신이 겪는 어려움을 적는다. ② 모든 포스트잇을 전지에 붙인다. ③ 포스트잇에 적힌 어려움을 분류한다. ④ 결과를 공유하고 비슷한 유형의 어려움을 겪는 사람들끼리 모둠을 형성한다.	
		• 모둠별로 팀 빌딩 활동을 진행한다. • 가장 높이 쌓는 팀이 우승이다. • 활동의 취지를 설명한다(협업과 빠른 프로토타이핑, 수정과 재시도의 중요성).	• 종이컵과 빨대를 이용한 탑 쌓기	종이컵, 빨대
전개	진로 탐색 활동	• 활동 1: 문제 인식 - 서로의 생활 습관 때문에 겪었던 어려움에 대해 공유해 보자. • 활동 2: 문제 정의 - 생활 습관 중에서 우리가 겪는 어려움의 원인을 정의해 보자(5 Whys로 정의하기).	• 활동 1: 문제 인식 ① 자신의 고민을 이야기해 보자. ② 친구의 고민을 듣고 왜 그러한 문제를 겪게 되었는지 이야기해 보자. • 활동 2: 문제 정의 ① 최상위에 문제 상황을 기록 ② 문제에 대한 생각 지도를 그려 보자.	포스트잇, 4절 도화지

단 계	주요 활동		필요 자원
	교수 활동	학습 활동	
	① 왜 현재의 어려움이 생겼는가? ② 왜 이런 습관을 형성하게 되었는가? ③ 왜 현재 겪는 어려움의 원인이 그런 습관 때문이라고 생각하는가? ④ 왜 이러한 습관을 바꾸려고 하는가? ⑤ 왜 이런 습관을 그만둘 수 없는가? • 활동 3: 문제의 원인 정의	 • 활동 3 ① 포스트잇으로 잠재 원인을 나열 ② 파악된 잠재 원인 중 1차 원인 선정 ③ '어떻게 하면?'이라는 명제를 사용하여 해결 방안을 적어 보자. ④ 친구의 문제를 해결할 극단적 아이디어 만들기 ⑤ 아이디어 선택하기	
	• 활동 4: 해결방안 논의(브레인스토밍). 아이디어를 바탕으로 실천 가능한 액션 플랜을 만들어 보자.	• 활동 4: 문제를 해결할 실천 계획 만들기	
결과 공유	• 모둠별로 제안한 해결방안의 공유	• 결과를 발표하고 공유해 보자.	

단 계		주요 활동		필요 자원
		교수 활동	학습 활동	
정 리	진로 탐색 개선	• 수업 활동 과정에 대한 결과 정리 • 개선안에 대한 평가 ① 충족되지 않은 욕구는 무엇이며, 왜 중요한가? ② 이 상황을 개선하기 위한 해결책은? ③ 해결책을 만들고 유지하기 위해 필요한 자원은 무엇인가?	• 가장 기억에 남는 것은 무엇인가? 가장 어려웠던 점은 무엇이었는가? • 개선안에 대한 평가 좋은 것 / 개선해야 할 것 질문 / 아이디어	
	성찰 및 평가	• 수행평가 - 실천 가능한가? - 실천 계획은 구체적인가?	• 자기평가 - 실천 점검표(1주일간 실천 계획 체크하기)	

부록 4-1 **우리 팀에서 나의 역할 정하기**

• 나의 직업 선호도를 고려해서 우리 팀 내에서 나의 역할을 정해 봅시다.

직업 선호도	흥미	역할	세부 역할	팀원 이름
손재주가 좋고 망가진 기계를 고치는 것을 좋아함	현실형	엔지니어	문제 해결을 위한 모형이나 결과물을 만들어 냄	
어떤 사실을 분석하고, 깊이 있게 배우는 것을 좋아함	탐구형	박사	문제 해결을 위한 자료를 모으고 문제 해결 절차를 만듦	
감성적이며 그림, 악기 연주, 감상 등을 좋아함	예술형	디자이너	발표 자료를 만들거나 결과물을 매력적으로 만듦	
사람들과 어울리기를 좋아하며 도움을 주고 싶어 함	사회형	분위기 메이커	팀원들이 잘 협력할 수 있도록 분위기를 만듦	
새로운 모험을 떠나거나 사람들을 설득하고 통솔하는 일을 좋아함	진취형	리더	팀 리더로서 진행 상황을 점검하고 구성원들이 제 역할을 잘 수행할 수 있도록 중재함	
계획을 잘 세우고 꼼꼼하며 체계적인 일들을 좋아함	보수형	매니저	팀 활동이 주어진 시간 안에 진행될 수 있도록 독려하고 관리함	

• 우주 최강 우리 팀 이름을 정하고 각자의 역할을 정리해 봅시다. 함께 공유할 팀 구호와 우리 팀이 지켜야 할 규칙도 정해 봅시다.

우주 최강 팀 이름: _____

리　더: _____

팀　원:

역 할	이 름

팀구호: _____

팀규칙: • _____
　　　　 • _____
　　　　 • _____

부록 4-2 더 좋은 진로탐색 활동을 위한 아이디어 만들기

• 모둠 활동을 통해 도출한 아이디어에 대해 좋은 점과 개선해야 할 점을 논
의해 봅시다. 우리가 만든 아이디어의 장점은 무엇인가요? 더 개선해야 할
점은 무엇인가요? 다른 사람들이 제시한 질문들을 적어 보고 질문을 토대
로 새로운 아이디어를 만들어 봅시다.

• 좋은 것	• 개선해야 할 것
• 질 문	• 아이디어

부록 4-3 **진로탐색 과정과 결과에 대한 성찰 활동지**

• 진로탐색 활동 결과를 정리해 보고 이 활동을 통해 달라진 점을 생각해 봅시다.

수업 시간을 통해 얻은 가치는 무엇인가요?

더 실천해 볼 것들은 무엇인가요?

더 필요한 것들은 무엇이 있을까요?

부록 4-4 **진로탐색 활동에 대한 자기평가 양식**

• 각 문항당 5점 만점입니다. 총 40점 만점 기준으로 나의 진로탐색 활동에
대해 점수를 부여해 봅시다.

번호	문항	5 매우 그렇다	4 그렇다	3 그저 그렇다	2 그렇지 않다	1 전혀 그렇지 않다
1	내가 의도한 진로탐색 목적에 부합하는 활동이었다.					
2	진로탐색 활동은 내가 희망하는 진로를 계획하는 데 도움이 되었다.					
3	나는 진로탐색 활동에 적극적으로 참여하였다.					
4	나는 모둠원들과 적극적으로 협력하였다.					
5	진로탐색 활동은 흥미로웠다.					
6	진로탐색 활동 방식은 적절하였다.					
7	진로탐색 활동에 또 참여하고 싶다.					
8	본 활동은 다른 친구들에게 추천할 만한 것이었다.					
개 수		___개	___개	___개	___개	___개
총 점		_____점				

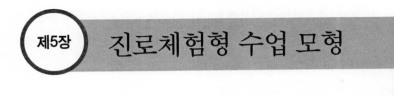

제5장 **진로체험형 수업 모형**

1. 개 관

진로교육은 학생들이 자신에게 맞는 진로를 찾아 행복한 삶을 영위할 수 있도록 도와주는 교육이다. 진로체험을 통한 진로교육은 학생들에게 다양한 직업과 업무 현장에 대한 정보를 밀도 있게 제공하고 학생들의 진로탐색과 진로설계

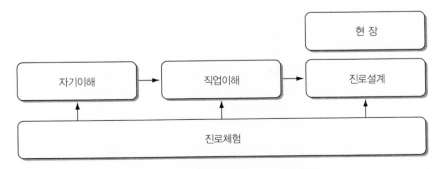

|| 그림 5-1 || **진로교육의 과정과 진로체험**

에 도움을 줄 수 있다. 청소년들은 진로체험이나 여가와 같은 다양한 경험을 통해 자신의 적성에 맞는 미래 진로를 발견할 수 있으며 구체적으로는 자기이해, 직업이해, 진로설계라는 과정을 경험하며 실현시킬 수 있다.

진로체험은 다양한 형태로 지원할 수 있다. 크게는 두 가지로 나누어 학교 안에서 지원할 수 있는 방안과 학교 밖에서 지원할 수 있는 방안이 있다. 학교 안에서 가능한 방법으로는 강연형·대화형이 있으며, 학교 밖에서 지원할 수 있는 방법으로는 현장직업 체험형, 현장견학형, 학과 체험형, 진로캠프형, 직업실무 체험형 등이 있다(〈표 5-1〉 참조).

‖표 5-1‖ **진로체험의 유형**

분류		활동 내용	주체
학교 안	강연형·대화형	• 기업 CEO, 전문가 등 직업인들을 초청하여 그들의 강연과 대화를 통해 학생들이 직업 세계를 탐색하는 진로체험 – 강연형: 기업 CEO, 현직 종사자, 전문가 등 각 분야 직업인을 초청하여 강연을 듣고, 이를 통해 직업과 인생에 대해 깊이 있는 이해를 얻도록 지원함 – 대화형: 시청각 자료를 통해 다양한 직업 세계에 대해 알 기회를 가질 수 있도록 지원함	학교
학교 밖	현장직업 체험형	• 10명 내외의 학생들이 회사, 병원, 관공서, 가게, 시장과 같은 직업현장을 직접 방문하여 직업 관련 업무를 직접 수행해 보며 직업 세계를 탐색하는 진로체험 – 학생들이 1일(4시간~6시간) 정도 학교를 벗어나 회사, 병원, 관공서, 가게, 시장과 같은 직업현장(체험처)에 방문하여 간단한 업무를 도우며 현장 근로자(멘토)들을 통해 직업 세계를 배우고 일하는 태도를 배움	진로체험 지원센터
	현장 견학형	• 체험처, 기업체 등을 방문하여 생산 공정 등을 개괄적으로 견학하면서 직업 세계를 탐색하는 진로체험	학교

분류	활동 내용	주체
	- 진로교육을 목적으로 학생들이 박물관, 직업관련 홍보관, 기업체, 공공기관 등을 견학하여 본인의 직업이나 진로와 어떤 연관이 있는지 알아보고 보고서를 작성하는 학습 활동	
학과 체험형	• 특성화고, 대학을 방문하여 학과와 관련된 직업 분야의 기초 지식이나 기술을 학습하며 직업 세계를 탐색하는 진로체험 - 특성화고, 마이스터고, 대학교를 방문하여 학과 체험을 통해 폭넓게 직업 세계를 알아보고 직업 세계에서 요구하는 기초적인 지식이나 기술을 학습하는 기회를 제공함	학교 진로체험 지원센터
진로 캠프형	• 특정 장소에서 심리검사, 상담, 멘토링 등 종합 진로 프로그램을 통해 자신을 이해하거나 직업 세계를 탐색하는 진로체험 - 특정 장소에서 진로심리검사, 직업체험, 상담, 멘토링, 특강 등 종합적인 진로교육 프로그램을 6시간 이상 집중적으로 운영함	진로체험 지원센터
직업실무 체험형	• 모의 체험처에서 현장 직업인과 인터뷰를 하거나 관련 업무를 직접 수행하면서 직업 세계를 탐색하는 진로체험 - 한국 잡월드와 같이 실제와 유사하게 꾸며진 체험처를 방문하여 4시간 이상 활동하며 실제 업무 체험과 멘토 인터뷰 등을 통해 직업 세계를 탐색함	학교

진로체험형 수업 모형

이 장에서 다루고자 하는 진로체험형 수업은 현장직업 체험형과 직업실무 체험형과 같이 실제 혹은 모의 체험처를 통하여 현장 직업인과 인터뷰를 하거나, 관련 업무를 직접 수행해 보는 경험을 통하여 직업 세계를 탐색하는 수업 모형이다. 일반 교과 수업보다는 자율과정(진로탐색, 동아리 등)에서 융통적으로 운영할 수 있다.

1) 철학적 기반

진로체험형 수업 모형은 기존의 진로체험 활동에서 나타났던 문제들을 방지하기 위하여 다음과 같은 원칙을 가지고 설계하였다. 예를 들어 기존의 진로체험 활동은 학생들로 하여금 능동적인 학습 경험을 얻을 수 있는 기회를 제공하지만, 해당 직업 혹은 산업 영역에 관심이 없는 일부 학생은 몰입하지 못하는 경우가 있었다. 또한 적극적으로 참여했다고 하더라도 경험한 내용을 그냥 흘려보내는 경우가 많이 발생하였다. 이러한 문제를 막기 위하여 다음의 요소를 염두에 두었다.

- ☑ **목표역량을 고려**: 학생들이 진로체험형 수업을 통해 얻고자 하는 역량을 구체화하고, 역량 향상을 위한 과제와 시나리오, 관련 학습 자료를 개발하여 제공하도록 한다.
- ☑ **경험에 대한 성찰 강조**: 과제를 해결하는 과정에서 학생들이 수행과 실패를 경험하도록 유도하고, 그 과정에서 성찰과 성숙이 이루어질 수 있도록 돕는다.
- ☑ **자기주도적 활동 강조**: 학생들이 체험활동에 끌려다니는 것이 아니라, 주어

진 역할에 몰입함으로써 자기주도적인 학습 활동을 전개할 수 있도록 안
내한다. 학생들에게 기대감과 책임감을 부여하고, 도전적으로 과제에 참
여할 수 있도록 돕는 다양한 장치를 마련한다.

　이상의 요소를 반영하기 위한 적용 원리는 다음과 같다. 먼저 지향해야 할 목
표역량을 중심으로 수업을 설계하는 것, 목표와 관련된 구체적인 역할 및 시나
리오, 학습 자원을 제공하는 것이다. 이를 통하여 학생들은 실제적인 상황 속에
서 과제를 해결하는 동안 현실성 있는 학습을 경험할 수 있다. 또한 과제 수행을
마치고 나서는 반드시 교수자 및 동료 피드백, 성찰 활동을 통하여 성장할 수 있
도록 유도한다.

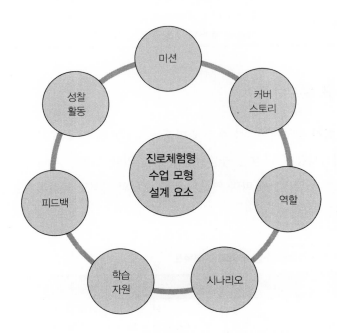

‖ 그림 5-2 ‖ 진로체험형 수업 모형 설계 요소

‖표 5-2‖ **진로체험형 수업을 위한 구체적인 설계 전략**

단 계	설계 전략
목표 설정	• 달성하고자 하는 목표역량을 중심으로 기획
미션 설정	• 미션은 목표와의 내용적인 연관성 및 학습자의 관심을 끌 수 있는 현장성, 유의미성이 필요
커버스토리 개발	• 일종의 이야기 형태를 빌려 미션을 보다 맥락화함
역할 개발	• 커버스토리 개발 시 학습자의 역할에 대한 정의도 고려
시나리오 실행 설계	• 학습자가 미션 달성을 위해 취하는 학습 활동들을 예상하고 이들을 시나리오의 스토리라인상에 배치
학습자원 개발	• 미션 수행에 필요한 정보 제공 • 반성적 성찰을 돕기 위한 다양한 멀티미디어 학습자원의 확보 및 개발
피드백 제시	• 학습자-학습자, 학습자-교수자 간 피드백 제시
성찰 유도	• 활동을 마친 후에는 성찰 활동을 통해 진로체험을 통해 얻은 시사점과 배운 바를 정리할 수 있도록 유도

2) 추구 목표

진로체험형 수업에 참여함으로써 학생들은 진로탐색 및 개척 역량과 더불어 21세기 핵심역량 중 다양한 역량을 함양할 수 있다. 그뿐만 아니라 체험 직업·산업 영역이 무엇인가에 따라 연관된 일반 교과의 지식도 간접적으로 습득할 것으로 기대할 수 있다.

‖표 5-3‖ **진로체험형 수업 모형의 성취목표**

역 량	세부 역량	성취목표
자아이해와 사회적 역량 개발	자아이해 및 긍정적 자아개념 형성	• 자신의 적성 및 흥미를 다양하게 탐색한다. • 자신의 꿈과 비전을 구체화한다. • 자신의 꿈과 관련하여 역할 모델을 찾을 수 있다.
	대인관계 및 의사소통역량 개발	• 대상과 상황에 맞는 대인관계능력을 함양한다. • 서로 다른 생각, 감정, 문화 등을 존중하는 태도를 유지할 수 있다.

역 량	세부 역량	성취목표
		• 효과적인 의사소통의 방법을 이해하고 활용한다. • 공감을 적절히 드러내며 타인과 의사소통할 수 있다.
일과 직업의 세계 이해	일과 직업의 이해	• 다양한 직업 유형과 진로 경로를 이해한다. • 여러 분야에 걸쳐 다양한 일의 유형과 직업 경로를 설명할 수 있다. • 직업이 갖는 개인적·사회적 기능에 대해 설명할 수 있다.
	건강한 직업의식 형성	• 직업 생활에서 윤리의식과 책임감의 필요성을 인식한다. • 자신이 가진 여러 가지 역할과 책임에 대하여 설명할 수 있다. • 직업생활에 대해 긍정적이며 적극적인 태도를 형성한다. • 사회활동에 참여하고 직업 생활을 하는 것에 대해 긍정적인 태도를 가질 수 있다. • 직업에 대한 고정관념을 극복하고 개방적인 인식을 발전시킨다.
진로탐색	교육기회의 탐색	• 자신의 미래 진로를 위하여 학습의 필요성을 이해하고 설명할 수 있다.
	직업정보의 탐색	• 직업체험을 통해 직업 정보를 수집할 수 있다. • 원하는 진로의 역할 모델에 대한 정보를 탐색할 수 있다.

3) 수업 모형의 구조

진로체험형 수업에서는 수업 전·중·후 과정에 다양한 주체가 참여하게 된다. 교사와 학생, 체험처 담당자(체험처 멘토)와, 경우에 따라 진로체험을 돕는 전문자원봉사자나 학부모 코치 등의 도움을 받기도 한다.

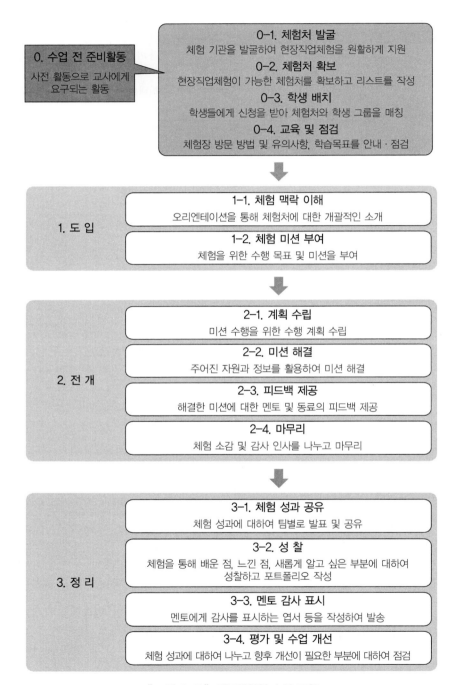

0. 수업 전 준비활동
사전 활동으로 교사에게
요구되는 활동

0-1. 체험처 발굴
체험 기관을 발굴하여 현장직업체험을 원활하게 지원

0-2. 체험처 확보
현장직업체험이 가능한 체험처를 확보하고 리스트를 작성

0-3. 학생 배치
학생들에게 신청을 받아 체험처와 학생 그룹을 매칭

0-4. 교육 및 점검
체험장 방문 방법 및 유의사항, 학습목표를 안내 · 점검

1. 도 입

1-1. 체험 맥락 이해
오리엔테이션을 통해 체험처에 대한 개괄적인 소개

1-2. 체험 미션 부여
체험을 위한 수행 목표 및 미션을 부여

2. 전 개

2-1. 계획 수립
미션 수행을 위한 수행 계획 수립

2-2. 미션 해결
주어진 자원과 정보를 활용하여 미션 해결

2-3. 피드백 제공
해결한 미션에 대한 멘토 및 동료의 피드백 제공

2-4. 마무리
체험 소감 및 감사 인사를 나누고 마무리

3. 정 리

3-1. 체험 성과 공유
체험 성과에 대하여 팀별로 발표 및 공유

3-2. 성 찰
체험을 통해 배운 점, 느낀 점, 새롭게 알고 싶은 부분에 대하여
성찰하고 포트폴리오 작성

3-3. 멘토 감사 표시
멘토에게 감사를 표시하는 엽서 등을 작성하여 발송

3-4. 평가 및 수업 개선
체험 성과에 대하여 나누고 향후 개선이 필요한 부분에 대하여 점검

‖ **그림 5-3** ‖ **진로체험형 수업 모형**

Tips

☑ 진로체험형 수업 모형 적용 시 유의사항

성공적인 진로체험을 위해서는 체험이 원활하게 이루어질 수 있도록 주의를 기울여야 할 뿐만 아니라, 체험처 발굴 및 관리, 학생들의 안전 문제 등 신경 써야 할 부분이 많다.

---

4) 수업 만들기

(1) 0단계: 사전 활동

① 체험처 발굴

체험처 발굴의 목적은 지역 산업, 민간 기업, 공공기관 등의 직장을 체험처로 발굴하고, 지속 가능한 진로체험을 위해 정기적으로 관리하여 체험을 안전하고 원활히 지원하는 것이다. 이를 위하여 먼저 기 발굴된 체험처를 확인하고, 지역 내 산업 분포 및 분야별 특성을 분석하여 크고 작은 사업장을 조사한 후, 전화, 메일, 방문, 우편, 팩스, 소개 등을 통해 체험장을 섭외한다. 한국과학창의재단의 교육기부시스템과 같은 온라인 플랫폼(http://www.teachforkorea.go.kr)을 활용하여 체험기관과 관련된 정보를 얻는 것도 좋다.

또한 진로체험 지원전산망 사이트 '꿈길(http://www.ggoomgil.go.kr)'에서는 소속 학교의 인근 자치구 진로직업체험지원단(센터)을 통해 체험처를 이용할 수 있도록 지원하고 있으므로 이를 적극 활용할 필요가 있다.

진로체험지원단(센터)은 교육지원청 단위로 조직되어, 전산망을 통해 지역사회의 다양한 체험처를 관할 학교와 연결시키는 역할을 하는 단체로서 진로체험 지원체계를 확립하고 운영 효율성을 향상시키는 데 기여하고 있다. 해당 사이트를 방문하면, 공공기관 및 기업 등의 체험처 목록과 체험처에서 제공하는 체험 프로그램을 한눈에 확인할 수 있다.

‖ 그림 5-4 ‖ 한국과학창의재단 교육기부시스템

출처: http://www.teachforkorea.go.kr

‖ 표 5-4 ‖ 진로체험 지원전산망 '꿈길'

구 분	꿈길	진로체험 관리시스템
URL	http://www.ggoomgil.go.kr	http://www.ggoomgil.go.kr/gadmin
초기 화면		
대 상	학생, 체험처, 체험지원인력	진로체험지원단(센터) 운영자, 학교 운영자

특 징	• (학생) 체험 희망 직종/학과 입력
	• (체험처) 체험처, 체험프로그램 직접
	  등록
	• (체험지원인력) 체험지원인력 신청
		• 꿈길 홈페이지로 등록한 체험처, 체
		  험프로그램 승인
		• 지원단/학교가 발굴한 체험처, 체험
		  프로그램 등록 · 관리
		• 체험프로그램 학교 배정 및 학생 매칭
		• 진로체험 통계 관리
		• 체험지원인력 관리

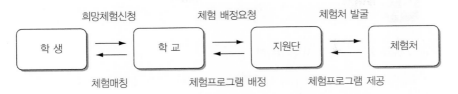

‖ 그림 5-5 ‖ 진로체험지원단(센터)의 진로체험 매칭 지원 과정

‖ 표 5-5 ‖ 새로운 체험처 발굴 시 필요한 업무

구 분	내 용	교사 및 자원봉사자 역할
현황 파악	• 이미 발굴된 체험처 현황 파악	• 기존 체험처 리스트 검토 • 부족한 체험처 파악
필요한 체험처 확인	• 학생의 희망 체험처 및 미발굴 분야 확인	• 학생들의 희망 체험처 및 확보 필요 체험처 확인
자료 준비	• 체험처 발굴을 위한 시나리오, 기부서 양식 등 준비	• 메일, 전화, 방문을 위한 시나리오 준비 • 기존의 시나리오, 기부서 양식 전달
일정 수립	• 체험처 발굴을 위한 일정 수립	• 체험 일정 제공 • 전화, 방문을 통한 발굴계획 수립
체험처 방문	• 개방이 필요한 체험처 방문	• 명함 전달 후 친밀감 형성 • 체험처 개방의 필요성, 유익 전달
체험처 개방 협조 요청	• 체험처 개방에 대한 협조 요청	• 체험처 체험활동, 구체적인 진행 순서 소개
문서 전달	• 체험처 기부서 양식 및 홍보물, 공문 전달	• 체험처 기부서, 홍보물, 공문 전달 재방문 의사 전달
체험처 기부서 수령	• 체험처 개방 동의 및 기부서 수령	• 직접 수령, 이메일, 팩스 등으로 기부서 수령

> **Tips**
>
> ✓ **새로운 체험처 발굴 시 유의사항**
>
> • 효과적인 체험처 발굴을 위하여 권역을 나누어 다른 교사 및 자원봉사자들과 방문 일정을 정하고 동선을 확인하도록 함
> • 방문 전 담당자와의 전화 통화를 통해 간단한 소개와 이메일 주소를 확인한 후, 기부서 양식 및 홍보물, 공문 등을 이메일로 발송해 둠
> • 방문 시 명함, 홍보물, 기부서 양식 등을 빠짐없이 준비함
> • 첫 방문일 경우 체험처 발굴에 대한 이야기를 바로 꺼내기보다는 관계자와 긍정적인 관계를 형성하는 것에 중점을 두고, 체험처 개방에 대하여 너무 큰 부담을 주지 않는 것이 중요함. 비록 체험처 발굴을 하지 못하더라도 인내심을 갖고 지속적인 관계를 유지하며 체험처의 필요성과 가치에 대해 전달함

"한 아이를 키우기 위해서는 마을 전체가 나서야 한다(It takes a whole village to raise a child)."는 아프리카 속담은 보다 많은 체험처가 학생들에게 체험의 기회를 제공할 수 있도록 설득하는 데 좋은 메시지가 될 수 있을 것이다.

> **Tips**
>
> ✓ **좋은 체험처의 조건**
>
> • 지역사회 기반 일터로 근거리 우선 선정
> • 기업윤리를 갖추고 있는 기관(청소년 유해, 노동력 착취 요소가 있다면 지양)
> • 교육철학과 의지를 갖춘 기관(견학 위주 요청 지양)
> • 학교와 일터가 공동으로 의미 있는 체험활동을 기획해 나가려는 의지가 있는 기관
> • 아이들과 눈높이를 맞추려 노력하는, 건강한 직업인·교육자로서의 정신을 가진 멘토가 있는 기관
>
>   "아이들의 희망 일터에 배치되지 못하는 경우가 많았다. 섭외가 안 돼서 못 간 아이들은 불만이 상당히 많았다. 전혀 흥미 없는 일터에 갔다가 실망하고

온 케이스가 많이 있다." (학부모 A)

"아이들은 우선은 유명하고 큰 회사를 좋아해요. 그런데 막상 체험을 다녀온 학생들이 더 많은 것을 배우는 곳은 큰 회사가 아니었어요. 아이들은 작은 규모의 사업장이지만 멘토가 큰 열정을 가지고 자신의 일에 대해 이야기해 주는 곳에서 더 많이 배우고 옵니다." (학부모 B)

② 체험처 확보

체험처 섭외를 마친 후에는 학생들의 일정에 맞추어 체험이 가능한 체험처의 리스트를 정리한 후, 방문 일정 및 운영 계획에 대한 안내를 사전에 구체적으로 전달하도록 한다.

Tips

☑ 체험처 확보 시 유의사항

• 체험 수업을 마친 후에는 체험처 멘토가 느꼈던 어려움이나 불편한 점은 없었는지 파악하고, 지속적으로 좋은 관계를 유지하는 것이 필요함

• 체험처의 이전·폐쇄 여부 등을 상시로 확인하고 체험처 리스트 자료를 갱신 및 보완하도록 함

---

③ 학생 배치

학생들에게 섭외된 체험처 리스트를 공개하고, 개별 신청을 통하여 원하는 체험처를 선택할 수 있도록 한다. 체험처를 선택할 때 특정 체험처에만 신청자가 집중되지 않도록 우선순위를 3순위까지 적도록 하고, 신청을 원하는 이유에 대해서도 작성하도록 한다.

Tips

☑ **학생 배치 시 고려사항**

• 어떠한 체험처를 선택해야 할지 모르거나, 원하지 않는 체험처에 신청하게 된 학생에게는 자신이 꿈꾸는 직업이 아닌 경우라도 특정 직업 및 산업 영역에 대해 이해하는 것이 자신의 진로 계획 수립과 사회에 대한 이해를 돕는 데 도움이 됨을 깨우칠 수 있도록 함

• 실제로 많은 학생이 체험을 통해 전혀 관심이 없었거나 편견이 있었던 산업 · 직업에 대한 긍정적인 인식과 관심을 갖게 되어 진로 계획을 수정하거나, 진로에 대해 유연한 사고를 하게 된 경우를 많이 발견하게 됨

④ **교육 및 점검**

최종적으로 체험처와 매칭된 학생의 리스트를 정리하여, 방문 일정 및 활동 계획에 대하여 협의를 진행한다. 체험처 멘토(직업인 멘토)와 상의하여, 학생들의 체험 운영 과정을 구체화하고, 체험 수칙 및 안전 등과 관련된 주의사항 등을 정리하도록 한다.

Tips

☑ **체험 시 주의사항**

• 체험 계획서를 멘토 및 관련자와 공유(배정 인원수, 일정, 학생 건강 상태, 비상연락망에 대한 정보)

• 멘토 간담회 혹은 사전 연락을 통하여 체험 수업의 기본 취지와 목적을 안내

• 사전 답사를 통해 학생들의 교통편, 체험 동선 및 안전 수칙을 파악

• 충분한 인솔교사 혹은 자원봉사자를 확보하고, 활동 범위를 결정

• 학생과 학부모에게 체험처 정보를 제공하고, 참가에 대한 동의를 확보

• 체험 전 멘토 및 관련자를 대상으로 사전 안전 교육을 실시(이동 중이나 체험 장소 내 사고 및 우발적 상황에 대한 대처 요령, 성희롱 예방 등)

- 의약품, 구호용품 등을 준비하고 이동 수단별(도보, 대중교통, 임대버스, 인솔자 자가용 등) 학생의 안전사항을 점검

(2) 1단계: 도입 활동

① 체험 맥락 이해

체험장에 도착하면 학생들에게 체험 현장에 대하여 간략하게 소개하고, 주변을 돌아볼 수 있도록 안내한다. 또한 전체 일정 및 활동에 대한 안내를 구체적으로 제공하고, 문제가 발생할 경우 연락 방법, 활동 시 주의사항 등을 안내한다.

Tips

☑ **체험 진행 시 주의사항**

- 체험 진행 직전까지 체험처의 상황을 확인하여 급작스러운 일정 변동에도 신속한 대처가 가능하도록 함
- 학생의 정상 출석, 복장 상태를 확인
- 진로체험 보고서 작성 방법 및 체험활동 이후 활동에 대해 안내
- 체험 현장을 둘러보고 진행사항을 점검. 둘러보기는 20분 내외로 진행
- 체험 현장의 작업환경(안전성, 사용 기자재 등)을 점검
- 진행 일정, 돌발 상황 유무, 변동 상황을 확인

② 체험 미션 부여

체험 과정에서 수행해야 할 미션을 제시하여, 학생들이 체험활동에 동기화되고 몰입할 수 있도록 유도한다. 미션의 내용은 상황에 맞추어 설계할 수 있으나, 직업 기자단 혹은 해당 기관과 관련된 직무를 부여하는 방식이 가능하다.

‖표 5-6‖ 체험 미션의 유형

	[예시 1] 직업 기자단 사례	[예시 2] 직무 체험 사례
미션 사례	커리어 기자단, 멘토를 인터뷰하다 **커리어 기자단 활동** 커리어 기자단의 역할을 부여하여, 체험 기관 및 멘토 인터뷰를 수행하도록 안내	오늘은 내가 OOO, 직무 체험하기 **오늘은 내가 ㅇㅇㅇ** 체험기관에서 수행할 수 있는 다양한 직무에 관련된 미션을 수행하도록 안내

‖표 5-7‖ 성공적인 미션 수행을 위한 계획의 예

	[예시 1] 직업 기자단 사례	[예시 2] 직무 체험 사례

미션 사례	성공적인 인터뷰를 위해 필요한 질문 선정하기
	
	1. 어떤 일을 하시나요?
	2. 왜 그 일을 선택하셨나요?
	3. 그 일은 세상에 어떠한 영향을 미치나요?
	4. 어떤 사람이 그 일을 선택하는 게 좋을까요?
	5. 그 일을 하는 데에는 어떤 능력이 필요한가요?
	6. 그 일을 하기 위해 필요한 자격이나 조건이 있나요?
	7. 그 일의 장점과 단점은 무엇인가요?
	8. 그 일의 전망은 어떠한가요?
	9. ……
	10. ……
		본격적인 체험을 하기 전 방문 기관 및 해당 직무에 대한 정보 찾아보기
		
		• 방문 기관에 대한 탐색
		  – 방문 기관의 특성 파악하기
		  – 방문 기관의 조직도 분석을 통해 직무에 대해 살펴보기
		  – 방문 기관과 관련된 신문기사, SNS 등 살펴보기
		
		• 커리어넷 직업인 인터뷰 동영상 보기
		  – 새롭게 알게 된 사실
		  – 나의 적성·흥미와의 적합 여부
		  – 가장 인상적이었던 것
		  – 전체적인 소감
		  – 멘토를 만나면 물어보고 싶은 것

(3) 2단계: 전개 활동

① 계획 수립

본격적인 체험활동에 참여하기 전, 학생들은 주어진 미션을 성공적으로 수행하기 위한 계획을 수립한다. 미션 유형에 따라 수립해야 할 계획의 내용은 다소 달라질 수 있다(〈표 5-7〉 참조).

② 미션 해결

체험처 멘토들의 지도로 체험활동을 진행한다. 학생들은 활동지 등을 활용하여 체험활동 중 느낀 점, 새롭게 알게 된 점을 정리하고, 제출할 보고서를 준비한다. 동행한 교사 및 자원봉사자 등은 학생들의 안전 등을 살피면서 보고서 작성을 지원하도록 한다.

③ 피드백 제공

모든 체험활동을 마친 후 학생들은 체험 과정에서 느낀 점, 새롭게 알게 된 점에 대해 멘토 및 동료들과 공유하고 성찰하는 시간을 갖는다. 이 과정에서 교사와 멘토 역시 새롭게 느끼고 배운 점에 대해 이야기하고 함께 성찰 활동에 참여하도록 한다. 또한 작성 중인 보고서에 대한 간단한 피드백을 제공하여, 체험 결과 보고서가 더욱 정교화될 수 있도록 지원한다.

④ 마무리

체험기관 및 멘토에게 감사 인사를 하고 귀가하도록 한다. 귀가하기 전 학생 인원과 귀가 방법에 관해 확인하고, 안전하게 귀가할 수 있도록 지도한다.

Tips

☑ 체험활동 후 유의사항

- 체험활동 후 학생 인원을 점검하고 안전 확인
- 학생의 귀교 혹은 귀가를 마지막까지 책임 있게 지도

(4) 3단계: 정리 활동

① 체험 성과 공유

체험 성과를 정리하도록 한 후, 정리된 내용을 모든 학생과 함께 공유하는 시간을 갖는다. 팀별 발표를 경청할 수 있도록 지도하고, 토론을 통해 공동의 성찰 활동으로 연계하도록 한다. 체험한 내용에 대해 더 인상적으로 전달한 팀을 가리기 위한 동료평가를 실시하는 것도 좋다.

Tips

✓ 동료평가 예시

항목	내용	팀 A	팀 B	팀 C
완성도	자신의 체험을 체계적이고 완성도 있게 전달하였는가?	☆☆☆☆☆	☆☆☆☆☆	☆☆☆☆☆
숙고성	체험을 통해 얻은 정보·경험·성찰이 충분하게 드러났는가?	☆☆☆☆☆	☆☆☆☆☆	☆☆☆☆☆
창의성	자신의 체험을 창의적인 방식으로 전달하였는가?	☆☆☆☆☆	☆☆☆☆☆	☆☆☆☆☆

---

② 성찰

체험을 통해 배운 점, 느낀 점, 새롭게 알고 싶은 부분에 대하여 개별적으로 성찰 노트를 작성하도록 하고, 활동을 마무리하여 각자의 포트폴리오를 구성하도록 안내한다. 교사는 각 학생이 체험 과정에서 보여 주었던 노력과 열의에 대하여 인정하고 격려한다.

③ 멘토 감사 표시

체험기관의 적극적인 협조를 이끌어 내기 위해서는 해당 기관의 요구와 맞물려 학교와 기관 모두가 윈윈할 수 있는 방안, 긍정적인 시너지 효과를 창출할 수 있는 전략을 모색하는 것도 중요하다(체험기관에 대한 긍정적인 브랜드 이미지 형성, 마케팅·홍보 효과를 얻을 수 있다). 그러나 사실상 체험 기회 제공이 가져다주는 실증적인 마케팅 효과를 입증하기에는 한계가 있고, 경제적 논리에 의존하여 교육 기부 활동에 참여하도록 독려하는 것은 근본적으로 자유학기제의 취지와도 어긋나는 일이다. 체험기관의 건강한 참여를 유도하는 한편, 지속적인 참여가 이루어질 수 있도록 크고 작은 인센티브를 제공할 필요가 있다. 예를 들어, 학생들의 마음이 담긴 감사 편지나 체험활동 중에 수집한 자료들을 모아 전달하는 것은 체험기관의 기부 활동에 대한 답례로 적합하다.

　　"○○ 중학교 같은 경우는 참가했던 아이들이 각자 감사 엽서를 쓰게 하고요. 교장 선생님 이름으로 한 장의 편지로 해서 단체로 활동했던 사진과 같이 결과물로 보냈어요."(교사 A)

　　"결국에는 일터를 개방해 주시는 분들이 대가가 없어도 학생들이 자기 자식 같으니까 해 주시는 거거든요. 감사 편지를 하고 이 일을 잘 끝냈다는 모습을 담아서 주면 좋아하시더라고요. '잊지 않고 우릴 기억하는구나' 하고. 향후에 지속적으로 연락을 하고 관리를 한다는 느낌이 들었을 때 이걸 좋아하겠구나 하는 생각이 들었어요."(교사 B)

④ 평가 및 수업 개선
　　체험활동을 준비·운영하는 과정에서 발견한 문제 혹은 개선이 필요한 부분에 대하여 점검하고 수업 개선에 대한 아이디어를 얻을 수 있도록 한다. 또한 체험을 통해 학생들이 얻게 된 긍정적인 경험과 그 성과에 대하여 양적·질적 차원에서 검토하는 기회를 갖는 것도 좋다. 예를 들어, 학생들의 진로 성숙도, 진로 효능감 등에서 긍정적인 변화가 있었는지, 학생들 개개인이 진로 계획 수립 및 진로개척 역량 향상에 기여한 부분이 있었는지를 확인해 보는 것도 좋다. 관련 직업에 대한 심층적인 정보를 얻는 것도 중요하지만, 건강한 직업의식과 다

양한 직업에 대한 긍정적인 태도를 갖출 수 있는 기회가 되었는지도 확인해 볼
필요가 있다.

Tips

☑ 평가 검사지(체험활동에 대한 만족도) 예시

• 만족도 설문지를 통해 이번 진로체험 활동에 대한 의견을 전달합니다.
• 자신의 의견과 일치하는 곳에 ✓ 표시하세요.

번호	문항	전혀 동의 않음	동의 않음	보통	동의	매우 동의
1	전반적으로 이번 수업은 만족스러웠다.					
2	수업을 통해 내가 도움받고자 했던 부분이 해소되었다.					
3	수업에 참여한 시간은 가치 있었다.					
4	수업은 나의 학교 생활 적응에 도움이 되었다.					
5	수업은 나의 진로 계획 수립에 도움이 되었다.					
6	수업은 내가 능동적으로 변화할 수 있도록 도왔다.					
7	수업은 나의 대인관계능력을 강화하는 데 도움이 되었다.					
8	수업은 나의 의사소통능력을 강화하는 데 도움이 되었다.					
9	다음에 기회가 된다면 또 체험수업에 참여하고 싶다.					
10	체험처(체험 기관)를 다른 친구들에게도 추천할 것이다.					

Tips

✓ 평가 검사지(진로결정 효능감) 예시

• 체험 성과를 확인하기 위한 검사를 진행합니다.

• 다음 문항을 읽고 자신의 의견과 일치하는 곳에 ✓ 표시하세요.

번호	문항	전혀 동의 않음	동의 않음	보통	동의	매우 동의
1	내가 관심 가지고 있는 직업에 대한 정보를 찾을 수 있다.					
2	내가 원하는 직업에 대하여 말할 수 있다.					
3	선호하는 생활방식에 맞는 진로가 무엇인지 알 수 있다.					
4	진로와 관련된 가치에 대해 우선순위를 정할 수 있다.					
5	진로 결정 후, 자신의 선택에 대해 믿음을 가질 수 있다.					
6	관심 있는 분야에서 일하고 있는 사람들에게 찾아가 의견을 구할 수 있다.					
7	관심 있는 전공이나 진로를 선택할 수 있다.					
8	적성이나 능력에 맞는 직종과 관련된 기관이나 기업에 대해 알아볼 수 있다.					
9	진로개척과 관련된 과정을 잘 수행해나갈 자신이 있다.					
10	처음의 선택이 불가능하다면 다른 전공이나 진로의 대안을 생각해볼 수 있다.					

Tips

☑ 진로체험 성공을 위한 전략: 지역사회와의 연계

진로체험 활동은 지역사회와의 연계 없이는 성공하기 어렵다. 하지만 지역사회와의 연계에 대한 인식이 부족한 우리 사회에서 이러한 지역사회의 참여를 유도하기란 무척 힘든 일이다. 다음은 지역사회의 자발적인 참여를 독려할 수 있는 몇 가지 전략이다.

구 분		세부 전략
체험 활동의 가치 공유 및 확산	학교 전체 구성원의 합의와 참여를 위한 학교 차원의 홍보	• 전 교사의 적극적 참여 독려 • 학부모 설명회 및 학무모 커리어코치 참여 독려 • 학생 대상 체험학습의 취지 및 태도 교육 실시
	체험 기회 확대를 위한 지역사회 차원의 홍보	• 멘토의 역할과 책임에 대한 교육 실시
최적의 체험기관 발굴 및 효율적 매칭	최적의 체험기관 발굴 및 섭외	• 적합한 교육철학 및 의지를 가진 기관 발굴 • 학생의 필요에 맞는 기관 발굴 및 연결 • 자기주도적 체험기관 발굴 유도
	체험기관 예약 및 매칭의 효율화	• 지역사회 자원 활용 • CRM 등 플랫폼 활용 • 학교 간 일정·자원 협의
체험 활동의 질 관리	기관의 교육역량 강화	• 교육역량 강화를 지원하는 전담 부서 운영 및 인력 확보 • 자체 모니터링·피드백·평가 시스템
	교사·멘토· 청소년지도사의 교육역량 강화	• 각 주체별(교사·멘토·청소년지도사)로 교육역량 강화를 위한 연수 프로그램 운영 • 체험기관·체험활동 정보를 제공하는 지식 플랫폼 운영 • 체험 정보 및 사례 공유를 위한 연구모임 운영
체험 활동의 지속가능성 확보	철저한 사전 및 사후관리	사전관리	• 기관 방문 전 학생 사전 교육 • 프로그램 취지 및 참여 시 유의사항에 대한 훈련

3. 수업 적용 사례

‖ 표 5-8 ‖ **진로체험형 수업 모형의 적용 사례**

구 분		내 용
교과 목표	대영역	• 진로탐색
	중영역	• 직업 정보의 탐색
목표 역량	성취목표	• 여러 직업에 대해 정보를 수집·분석하여 직업이해에 활용한다. • 직업체험을 통해 직업 정보를 수집할 수 있다.
	활동목표	• 탐색한 정보를 바탕으로 자신의 진로 목표를 구체화할 수 있다.

단 계		주요 활동		필요 자원
		교 사	학 생	
사전 활동	체험처 발굴	"안녕하세요. ○○ 중학교 교사 ○○○입니다. 저희 학교에서는 진로체험의 기회를 통해 학생들로 하여금 일과 직업 세계에 대한 이해를 돕고, 진로탐색 역량을 함양할 수 있도록 지원하고 있습니다. 이렇게 연락드린 것은 귀 기관에서 저희 학생들이 체험활동을 경험할 수 있는 기회를 제공해 주시기를 부탁드리기 위함입니다."		체험활동에 대한 안내 자료(자유학기제와 체험활동의 취지, 이제까지 참여한 기관 및 개인, 학생들의 성찰노트 및 사진 자료 등 포함)
		• 사례 1. 체험활동에 대한 거부감을 가진 기관의 경우 - 체험활동을 통해 얻을 수 있는 사회적 가치, 기관 차원의 긍정적 기대요인(마케팅 효과 등), 참여 학생들		

단계	주요 활동		필요 자원
	교사	학생	
	에게서 나타난 긍정적인 변화를 공유함으로써 거부감을 줄일 수 있도록 유도 • 사례 2. 체험활동을 위해 어떠한 준비를 해야 하는지 궁금해하는 경우 - 체험활동을 위한 시간적·물질적 투자가 이루어져야 하므로 이를 감수할 수 있는지 확인할 필요가 있음		
체험처 확보	"안녕하세요. 지난번 연락 드렸던 ○○ 중학교 교사 ○○○입니다. 체험활동 지원을 결정해 주시어 진심으로 감사드립니다. 학생들에게 귀한 체험의 기회를 제공해 주신 만큼, 사전교육 및 지도에 심혈을 기울여 뜻깊은 시간이 될 수 있도록 노력하겠습니다. 체험 활동은 오는 ○월 ○일에 ○시간 동안 진행할 계획이며, 사전에 찾아뵙고 구체적인 체험활동 진행 방향에 대하여 논의하도록 하겠습니다."		체험계획서(일정 및 체험목표, 구체적인 활동 등): 해당 계획서는 체험기관과의 협의를 통하여 최종적으로 완성하도록 한다.
학생 배치	"이번에 체험할 기관은 ○○○, ○○○, ○○○ 등 입니다. 기관별로 참여를 희망하는 학생들은 1, 2, 3순위를 적어 제출하도록 합시다. 만일 체험하고 싶은 다른 기관이 있다면 제안해도 좋아요."	"저는 저희 집 근처에 사무실이 있는 3D 프린터 관련 업체에 방문하고 싶어요. 함께 가고 싶은 친구가 있다면, 체험이 가능한지 연락을 드려 보고 함께 방문 허락을 받으면 좋을 것 같습니다."	

단계		주요 활동		필요 자원
		교사	학생	
	교육 및 점검	"체험을 앞두고 몇 가지 안내를 하도록 하겠습니다." "기관에 방문하기 전 여러분이 준비해야 할 것은 무엇일까요?" "네, 맞아요. 체험을 통해 많은 것을 배우고 느끼게 될 테니, 메모지와 필기구를 준비하는 게 좋겠습니다. 그런데 그것보다 먼저 체험기관에서는 여러분의 성장을 위해 상당한 시간적 · 물질적 투자를 하는 것인 만큼, 감사한 마음과 배우고자 하는 열정을 가지고 찾아뵈어야 하겠습니다."	"메모지! 필기구요!" "네, 감사의 마음과 열정을 가지고 찾아뵙도록 할게요!"	
도입	체험 맥락 이해	"오늘 방문할 기관은 요즘 중요하게 다뤄지고 있는 기술인 3D 프린터를 활용하여 다양한 아이디어 상품을 제작하는 곳이에요. 앞으로 3시간가량 멘토님과 이야기를 나누고, 체험 활동을 하게 될 거예요. 무엇보다 안전에 유의하고, 기관에서 이탈하지 않도록 합니다."	(기관을 둘러보며 전체 구조를 살핀다.)	
	체험 미션 부여	"여러분은 오늘 하루 커리어 기자단으로 임명되었습니다. 방문기관과 멘토에 대해 자세하게 살피고, 자신의 체험경험을 토대로 멋진 기사를 완성할 수 있도록 하세요."	(기자 명함과 임명장을 수령한다.) "네, 책임 있게 좋은 기사를 쓸 수 있도록 하겠습니다!"	커리어 기자단 명함 및 임명장 인터뷰/체험활동 기록을 위한 워크시트

단계		주요 활동		필요 자원
		교사	학생	
전개				
	계획 수립	"성공적으로 오늘의 인터뷰를 수행할 수 있도록 계획을 세워 볼까요? 팀별로 모여서 인터뷰 진행 계획을 논의해 보도록 하세요."	"지난번 교실에서 의논했던 것처럼 인터뷰할 때 대표 질문들을 중심으로 해서 질문을 드리도록 하자. 그리고 궁금한 점은 메모를 해 두었다가 여쭤 보기로 하자. 나중에 기사 작성을 위해서는 필기가 중요하니, 서기 역할을 맡은 ○○○가 필기를 확실하게 해 주고, ○○○는 지난번에 조사한 내용을 중심으로 질문해 줘. 나는 가져온 사진기로 멘토님과 기관 곳곳, 우리 팀 모습을 촬영할게."	현장에 나오기 전 교실수업이나 과제를 통해 수행 계획을 세워서 오도록 하는 것도 효율적인 방법이 될 수 있다.
	미션 해결	"멘토님을 소개합니다. 멘토님의 안내에 따라 기관을 둘러보고 멘토님이 주시는 미션을 잘 수행해 보도록 합시다."		

단계	주요 활동		필요 자원
	교사	학생	
	멘토: "여러분 반갑습니다. 오늘 여러분이 방문한 이곳은 3D 프린터를 활용해서 다양한 피규어를 설계하고 제작하는 곳이에요. 현재 작업을 진행하고 계신 여러 담당자분의 모습도 관찰하고, 인터뷰하는 시간을 갖도록 하겠습니다. 또한 여러분이 직접 출력한 피규어를 후처리하여 완제품으로 완성해 볼 수 있는 기회를 드리도록 할게요."	"○○ 신문사의 기자 ○○○입니다. 몇 가지 질문을 드리도록 하겠습니다. 3D 프린터가 기존의 피규어 제품을 생산하던 방식과 다른 점은 무엇입니까? 또한 프린터를 활용하는 과정에서 우리가 주의해야 할 점은 무엇입니까? 앞으로 3D 프린터를 활용한 전문가가 되려면 어떠한 능력을 갖추어야 할까요? 이상의 질문에 답변 부탁드리겠습니다."	
피드백 제공	멘토: "여러분이 수행한 미션에 대해 피드백을 드리도록 하겠습니다. 오늘 출력한 제품 중 가장 완성도가 높은 제품은 ○○○의 작품입니다. ○○○는 작품의 거친 표면을 잘 다듬어서 완성도를 높여 주었고, 예술적인 감각으로 차별화된 제품을 만들어 주었어요."		
마무리	멘토: "오늘 수고 많았습니다. 여러분이 3D 프린터가 가진 가능성을 더욱 풍성하게 해 주기를 기대합니다."	"멘토님 덕분에 많은 것을 배웠습니다. 앞으로 3D 프린터를 더욱 가치 있게 활용할 수 있도록 노력하겠습니다."	

단계		주요 활동		필요 자원
		교사	학생	
정리	체험 성과 공유	"이번 체험활동을 통해서 어떤 것들을 배웠는지 한 번 나눠 볼까요?"	"이번 체험을 통해 기술이 사람들의 삶을 더욱 편리하게 만들어 주고 있다는 점을 느꼈어요. 또한 기술 변화의 흐름 속에서 꼭 기술 전문가가 아니더라도 미래 기술에 대해 이해하는 것이 중요하겠다는 생각이 들었습니다." "저는 기술이 중요하기도 하지만, 그 기술을 활용하는 사람들의 마음과 그것에 가치를 부여하는 능력이 중요하다는 걸 깨달았어요." "멘토님이 말씀해 주신 대로 3D 프린터의 활용 영역은 매우 넓기 때문에 어떤 영역에서 활용될 수 있을지 더 관심 갖고 생각해 보려고 해요."	성과 공유를 위한 온라인 커뮤니티
	성찰	"여러분이 공유해준 것처럼 많은 것들을 얻을 수 있는 체험이었던 것 같습니다. 여러분 개개인에게 의미있는 시간이었던 만큼, 새롭게 배운 것, 더 알아보고 싶은 것들에 대해서 정리해볼까요? 성찰 노트를 펴서 적어봅시다."		성찰 노트 포트폴리오

단계	주요 활동		필요 자원
	교사	학생	
멘토 감사 표시	"이번 체험활동의 기회를 제공해 주신 멘토님에게 우리 감사 인사를 드리도록 해요. 다음번에 찾아뵙더라도 반갑게 맞아 주실 수 있고, 또 우리의 후배들도 찾아뵐 수 있으려면 감사를 표하는 것이 중요하답니다. 모두 이 종이에 감사한 마음, 우리가 배운 것들을 적어 볼까요?"		감사 표시를 위한 엽서 혹은 롤링페이퍼, 필기구 등
평가 및 수업 개선	"이번 체험활동에서 우리가 어떠한 경험을 하고 성장했는지 간단한 설문을 하도록 할게요. 그리고 혹시 체험활동에서 아쉬웠던 점이나 앞으로 개선하면 좋을 부분에 대해 의견을 주면 다음 체험에서 반영하도록 하겠습니다. 솔직한 의견을 제안해 주세요."		수업 만족도 및 진로효능감 설문지

부록 5-1   **직업 정보 찾기**

• 내가 알고 싶은 직업에 대해 정리 · 조사해 봅시다.

알고 싶은 직업명	
알고 싶은 이유	
그 직업에 대해 내가 알고 있는 것	
그 직업에 대해 더 알고 싶은 것	

부록 5-2 　직업 기자단 인터뷰 질문지

• 성공적인 인터뷰를 위해 필요한 사전 조사 및 질문을 미리 정리해 봅시다.

인터뷰 대상	
인터뷰 장소	
인터뷰 질문 예시	• 어떤 일을 하시나요? • 왜 그 일을 선택하셨나요? • 그 일은 세상에 어떠한 영향을 미치나요? • 어떤 사람이 그 일을 선택하는 게 좋을까요? • 그 일을 하는 데에는 어떤 능력이 필요한가요? • 그 일을 하기 위해 필요한 자격이나 조건이 있나요? • 그 일의 장점과 단점은 무엇인가요? • 그 일의 전망은 어떠한가요?
내가 뽑은 인터뷰 질문 목록	

부록 5-3 **동료평가지**

• 동료들의 인터뷰 성과를 평가하고 의견을 전달합니다.

팀 명	항 목	완성도	숙고성	창의성
	평가 기준	자신의 체험을 체계적이고 완성도 있게 전달하였는가?	체험을 통해 얻은 정보/경험/성찰이 충분하게 드러났는가?	자신의 체험을 창의적인 방식으로 전달하였는가?
		점수: ☆☆☆☆☆ 피드백:	점수: ☆☆☆☆☆ 피드백:	점수: ☆☆☆☆☆ 피드백:
		점수: ☆☆☆☆☆ 피드백:	점수: ☆☆☆☆☆ 피드백:	점수: ☆☆☆☆☆ 피드백:
		점수: ☆☆☆☆☆ 피드백:	점수: ☆☆☆☆☆ 피드백:	점수: ☆☆☆☆☆ 피드백:

부록 5-4 체험활동에 대한 만족도 설문지

- 만족도 설문지를 통해 이번 진로체험 활동에 대한 의견을 전달합니다.
- 자신의 의견과 일치하는 곳에 ✓ 표시하세요.

번호	문항	전혀 동의 않음	동의 않음	보통	동의	매우 동의
1	전반적으로 이번 수업은 만족스러웠다.					
2	수업을 통해 내가 도움받고자 했던 부분이 해소되었다.					
3	수업에 참여한 시간은 가치 있었다.					
4	수업은 나의 학교 생활 적응에 도움이 되었다.					
5	수업은 나의 진로 계획 수립에 도움이 되었다.					
6	수업은 내가 능동적으로 변화할 수 있도록 도왔다.					
7	수업은 나의 대인관계능력을 강화하는 데 도움이 되었다.					
8	수업은 나의 의사소통능력을 강화하는 데 도움이 되었다.					
9	다음에 기회가 된다면 또 체험수업에 참여하고 싶다.					
10	체험처(체험 기관)를 다른 친구들에게도 추천할 것이다.					

부록 5-5　**평가 검사지(진로결정 효능감)**

- 체험 성과를 확인하기 위한 검사를 진행합니다.
- 다음 문항을 읽고 자신의 의견과 일치하는 곳에 ✔ 표시하세요.

번호	문항	전혀 동의 않음	동의 않음	보통	동의	매우 동의
1	내가 관심 가지고 있는 직업에 대한 정보를 찾을 수 있다.					
2	내가 원하는 직업에 대하여 말할 수 있다.					
3	선호하는 생활방식에 맞는 진로가 무엇인지 알 수 있다.					
4	진로와 관련된 가치에 대해 우선순위를 정할 수 있다.					
5	진로 결정 후, 자신의 선택에 대해 믿음을 가질 수 있다.					
6	관심 있는 분야에서 일하고 있는 사람들에게 찾아가 의견을 구할 수 있다.					
7	관심 있는 전공이나 진로를 선택할 수 있다.					
8	적성이나 능력에 맞는 직종과 관련된 기관이나 기업에 대해 알아볼 수 있다.					
9	진로개척과 관련된 과정을 잘 수행해 나갈 자신이 있다.					
10	처음의 선택이 불가능하다면 다른 전공이나 진로의 대안을 생각해 볼 수 있다.					

제6장 **주제선택형 수업 모형**

 개 관

교육부가 제시한 '자유학기 활동'은 크게 진로탐색 활동, 주제 선택 활동, 예술·체육 활동, 동아리 활동으로 나눌 수 있으며, 학교의 목표와 여건을 고려하여 각 활동을 균형 있게 운영하고, 학생의 수요를 반영하여 170시간 이상을 편성하도록 권고하고 있다. 이 중 주제 선택 활동은 학생의 흥미, 관심사에 맞는 체계적이고 심층적인 프로그램을 운영하여 학습 동기를 유발하고 전문적인 학습 기회를 제공하는 데 그 목표를 둔다.

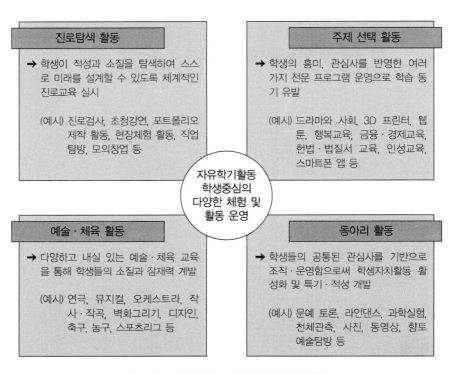

진로탐색 활동

→ 학생이 적성과 소질을 탐색하여 스스로 미래를 설계할 수 있도록 체계적인 진로교육 실시

(예시) 진로검사, 초청강연, 포트폴리오 제작 활동, 현장체험 활동, 직업 탐방, 모의창업 등

주제 선택 활동

→ 학생의 흥미, 관심사를 반영한 여러 가지 전문 프로그램 운영으로 학습 동기 유발

(예시) 드라마와 사회, 3D 프린터, 웹툰, 행복교육, 금융·경제교육, 헌법·법질서 교육, 인성교육, 스마트폰 앱 등

자유학기활동 학생중심의 다양한 체험 및 활동 운영

예술·체육 활동

→ 다양하고 내실 있는 예술·체육 교육을 통해 학생들의 소질과 잠재력 계발

(예시) 연극, 뮤지컬, 오케스트라, 작사·작곡, 벽화그리기, 디자인, 축구, 농구, 스포츠리그 등

동아리 활동

→ 학생들의 공통된 관심사를 기반으로 조직·운영함으로써 학생자치활동 활성화 및 특기·적성 개발

(예시) 문예 토론, 라인댄스, 과학실험, 천체관측, 사진, 동영상, 향토 예술탐방 등

‖ 그림 6-1 ‖ **중학교 자유학기제 시행계획**

출처: 교육부(2015).

이 네 종류의 자유학기 활동은 각 학교의 상황과 특성 및 학생들의 관심, 수요 등에 따라 자율적으로 시간을 배분하여 구성할 수 있다. 즉, 진로탐색 활동을 중점적으로 하여 나머지 세 가지의 활동이 3시간 정도씩 배분될 수 있도록 구성할 수도 있고, 동아리 활동이나 주제 선택 활동이 중심이 되어 나머지 활동을 구성할 수도 있다. 교육부에서 예시로 제시한 시간 배분 운영은 [그림 6-2]와 같다.

이 중 주제 선택 활동은 실제로 '선택교과' '학습동기유발' '정규교과 또는 직업 체험과 연계하여 학습효과 증대' 등이 '선택 프로그램 활동'의 주요 취지라는 점과 실제 연구학교에서 운영했던 대부분의 '선택 프로그램 활동'을 지도하는 교사가 감축한 시수 교과 담당 교사인 점 등을 고려할 필요가 있다(한국교

• 예시 1

요일\시간	월	화	수	목	금
1			교과		
2			(22시간)		
3		※ 교육과정 재구성, 학생 중심 수업, 과정 중심 평가			
4			자유학기 활동 (12시간)		
5			동아리 활동	예술 체육 활동	진로 탐색 활동
6	진로 탐색 활동	주제 선택 활동			
7					
방과후 학교		'자유학기 활동' 연계·운영			

• 예시 2

요일\시간	월	화	수	목	금
1			교과		
2			(20시간)		
3		※ 교육과정 재구성, 학생 중심 수업, 과정 중심 평가			
4			자유학기 활동 (13시간)		
5	진로 탐색 활동	주제 선택 활동	동아리 활동	주제 선택 활동	진로 탐색 활동
6					
7					
방과후 학교		'자유학기 활동' 연계·운영			

• 예시 3

요일\시간	월	화	수	목	금
1			교과		
2			(21시간)		
3		※ 교육과정 재구성, 학생 중심 수업, 과정 중심 평가			
4			자유학기 활동 (12시간)		
5		예술 체육 활동	진로 탐색 활동	동아리 활동	예술 체육 활동
6	주제 선택 활동				
7					
방과후 학교		'자유학기 활동' 연계·운영			

• 예시 4

요일\시간	월	화	수	목	금
1			교과		
2			(22시간)		
3		※ 교육과정 재구성, 학생 중심 수업, 과정 중심 평가			
4			자유학기 활동 (11시간)		
5	예술 체육 활동		주제 선택 활동		동아리 활동
6		동아리 활동		진로 탐색 활동	
7					
방과후 학교		'자유학기 활동' 연계·운영			

‖ 그림 6-2 ‖ **자유학기제 운영시간표의 예시**

육과정평가원, 2014). 초기에 주제 선택 활동은 '학생선택 프로그램 중점 모형' 혹은 '교과연계 창의활동'이라는 용어로 제시되었는데 이 용어에 대한 의미가 애매하여 동아리 활동이나, 예술·체육 활동 등과 혼동되고 차별성 없이 시행되는 경향이 있었다. 그러나 이 명칭이 주제 선택 활동으로 바뀌면서 나머지 세 개의 활동에 비하여 교과 관련 프로그램의 성격이 더 많은 것으로 이해되고 있다. 학생들은 다양한 주제 선택 활동 프로그램 가운데 자신들의 흥미나 관심 및 특기·적성에 따라 선택하여 활동을 수행하게 된다. 여기에서 학생들이 선택한 주제만으로 제한하지 않고 학교의 의도 및 계획, 학생의 희망 등을 고려하여 여러 개의 주제를 선택할 수 있도록 하여야 한다. 그러나 교과와 관련된 주제 선택 활동 프로그램이라고 해서 자칫 교과 수업의 연장선으로 간주되어서는 안 된다. 자유학기제 시행 초기에 주제 선택 활동을 교과연계 창의활동으로 명명했을 때 제시한 이 활동의 성격 및 활동 내용은 다음과 같다.

주제 선택 활동은 교과 학습에 대한 동기 및 흥미를 유발할 수 있도록 창의적

‖ 표 6-1 ‖ 자유학기제 시범운영계획안

교과연계 창의활동*의 성격 및 활동 내용

- 학생 자신의 특기·적성 및 흥미·관심 등을 고려한 선택 학습 활동 기회가 가능하도록 교과 연계의 다양한 프로그램을 제공하여 학습 동기 유발을 촉진시킴. 이때 '주제 선택 활동'은 학생의 선택이 중시되며, 학교의 계획 및 학생의 희망에 따라 단일 선택뿐만 아니라 복수 선택도 가능하도록 운영함
- 학생들의 흥미·관심을 유발시키고 특기·적성을 촉진할 수 있는 창의적 활동을 도모하도록 함
- '교과연계 창의활동' 주제를 중심으로 교과 간 및 영역 간 융합·연계 활동을 도모하여 통합적·종합적 사고력을 육성하도록 함
- '교과연계 창의활동' 주제의 내용을 가능한 한 직·간접 체험 및 활동형으로 구성하여 지식의 활용 및 적용력을 육성하도록 함
- ※ 유의사항: 특정 교과 진도와 관련된 '심화·보충형' 수업 활동이 되지 않도록 유의함

출처: 교육부(2013), pp. 4-12.

* 교과연계 창의활동은 주제 선택 활동과 같은 내용의 명칭으로 자유학기제의 시행 초기에 사용되던 용어다.

인 활동으로 이루어져야 하는데, 여기에서 '교과 선택'이라는 용어가 '교과를 선택한다'는 의미로 이해되어서는 안 된다. 즉, 어떠한 특정 교과에 대한 수업의 연장선상이 아니라, 관련된 교과와 관련하여 학생들의 학습 동기 및 흥미를 유발하고 그에 관한 좀 더 체험적인 학습이 될 수 있도록 프로그램이 조직되어야 함을 의미한다.

[그림 6-3]은 주제 선택 활동의 사례로서 몇 개의 학교에서 구성하였던 프로그램들을 제시한 것이다.

A중학교		B중학교		C중학교	
프로그램명	관련 교과	프로그램명	관련 교과	프로그램명	관련 교과
오감 체험 수학	수학, 미술	막.국.수(Media Analyze & Criticize)	국어	높고 맑은 소리, 소금	음악
궁리 마루	과학, 도덕, 국어	잉글리씽(Englising)	영어	내가 바로 과자 CEO	
ESD-UCC	전 교과	수리야	수학	아카펠라 판타지아	
소통의 디자인	기술·가정, 미술	우.동.둘.(우리 동네 둘러보기)	사회	나만의 가구 만들기	기술
팡팡 애니메이션	음악, 무용	영화 속 과학 여행	과학	모의 창업 및 진로체험	
나도 뮤지컬 배우	국어, 무용, 음악, 미술	테크아트(Tech-art)	기술 미술	New 스포츠 체험하고 만들기	체육
감성 영상 만들기	국어, 기술			창의적 미래 주거공간 만들기	과학
함께하는 연극	국어, 도덕			수학으로 바라본 세상	수학
Joyful English!	영어			생활 속 미술 경험하기	미술
				우리학교 스포츠 짱!	체육
				세상과 소통하는 '사설 읽기'	국어
				광고로 세상과 만나는 UCC 만들기	
				창의적 디자인 세상과 융합	미술
				꿈과 끼를 키우는 신나는 창작 힙합 댄스	음악
				실험과 공작으로 아인슈타인 따라잡기	과학
				지하철을 타고 가는 서울 역사 여행	역사

‖그림 6-3‖ 주제 선택 활동의 내용과 관련 교과의 예시

출처: 석미령(2014); 안재연(2014); 황유진(2014).

2. 주제 선택 활동

이 장에서는 자유학기 활동에서 주제 선택 활동을 실시하고자 할 때 학생들이 교과와 관련하여 자신이 더 선호하고 체험해 보고 싶은 활동들을 학교에서 어떻게 구성하고 운영할 수 있는지에 관해 논의하고자 한다.

1) 주제 선택 활동의 목적

주제 선택 활동의 목적은 학생들이 자신의 꿈과 끼를 교과와 연계하여 진로를 탐색하고, 학생 스스로 자신의 진로를 선택할 수 있도록 하는 데 있다. 또한 학생의 흥미, 관심사에 맞는 체계적이고 심층적인 수요자 중심의 프로그램을 운영하여 학생들의 학습 동기를 유발하고 전문적인 학습 기회를 제공하는 데 있다(교육부, 2015). 이를 통해 학생들의 기본 교과에 대한 학습 흥미도를 높이고, 학습의 필요성을 인식함으로써 학습에 능동적으로 참여할 수 있도록 하려는 것이다. 따라서 주제 선택 활동의 프로그램별 운영 주제는 주로 교과 내용과 연계한 내용, 심화 내용 또는 실생활과 관련된 내용으로 구성하는 것이 바람직하다.

2) 주제 선택 활동의 운영 원칙

주제 선택 활동은 학생의 단순한 흥미 또는 일시적인 흥미의 욕구 충족이 아니라 학생의 내적 성장에 도움이 되도록 개발·운영되어야 한다. 또한 학생들이 프로그램을 선택하고 그에 능동적으로 참여할 수 있는 기회를 보장하여야 한다. 즉, 학생이 자신의 꿈과 끼를 스스로 확인하고, 이를 실현하기 위해 자신이 노력하여야 할 것이 무엇인지를 스스로 깨달을 수 있도록 하여야 하며, 운영의 결과는 궁극적으로 학생 자신의 성장을 위해 자신의 미래 계획을 스스로 수립하는 데 도움을 주어야 한다.

이러한 원칙에 따라서 주제 선택 프로그램을 개발하기 위해서는 학생들에게 프로그램을 선택하기 이전에 자신에 대한 탐색의 기회를 제공해야 하며 파악된 자신의 흥미와 적성 등을 기반으로 프로그램을 탐색할 수 있도록 배려하여야 한다. 이러한 사전 탐색 활동이 끝난 후, 학생들이 선택한 프로그램에 대해 스스로 책임감 있게 참여하고 성실하게 활동할 수 있도록 프로그램을 운영하는 전략들이 필요하다. 예를 들어, 학생들에게 활동에 열심히 참여하겠다는 사전 다짐문을 작성하게 한다든가, 그 결과에 대한 기대를 미리 적어 보게 한다든가 하는 활동들이다. 또한 실제로 활동을 한 이후에는 자신의 프로그램 참여에 대한 성찰 및 평가의 기회를 제공하며 이를 토대로 다른 프로그램이나 학업의 계획을 수립할 수 있도록 도와주어야 한다. 이를 도표화하여 제시하면 [그림 6-4]와 같다.

사전 활동에서는 먼저 학생 자신에 대해 파악할 수 있는 기회를 제공할 수 있는데, 이는 자신의 강점 및 흥미, 또는 재능이 있는 부분을 먼저 파악하여 이를 잘 발전시킬 수 있는 기회를 제공하기 위함이다. 따라서 다중지능검사나 적성검사, 흥미검사 등을 실시할 수 있다. 즉, 자기탐색은 심리검사 실시 이전에 주제 선택 프로그램이 운영되는 여건을 고려하여 간단한 다중지능검사 등을 통하여 학생 스스로 자신의 강점 지능과 약점 지능을 확인하여 자신의 꿈과 끼를 계

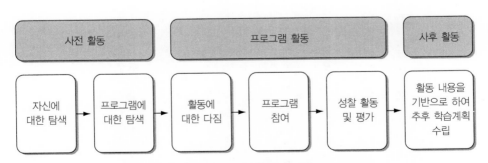

‖ 그림 6-4 ‖ 주제 선택 활동 프로그램 운영 모형

발하기 위한 자기이해 활동으로 여겨질 수 있다. 프로그램 탐색은 학생 자신에 대한 탐색과 더불어 개설된 활동 프로그램의 안내문을 통하여 각 프로그램의 주요 활동 내용을 탐색함으로써 단순한 흥미가 아니라 학생 자신에게 도움이 될 수 있는 프로그램을 선택할 기회를 제공할 수 있다.

주제 선택 활동 프로그램의 사전 탐색 과정을 제시하면 [그림 6-5]와 같다.

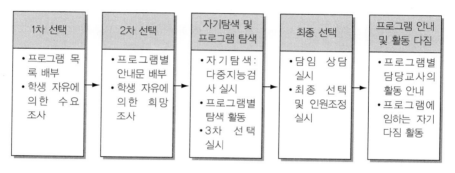

‖ **그림 6-5** ‖ **주제 선택 활동 사전 탐색 과정 운영 절차**

<table>
<tr><td>끼와 재능을 키우는 행복학교
꿈과 열정이 넘치는 영종학교
○○중학교</td><td>가 정 통 신 문</td><td>• 발송: ○. ○. ○.(○)
• 부서: ○○○부</td></tr>
</table>

자유학기제 선택 프로그램 신청 안내

항상 자녀교육과 학교교육 발전을 위해 많은 관심을 가져 주서서 감사드립니다.

드릴 말씀은 본교가 2학기부터 자유학기제를 운영함에 따라 학생 선택 프로그램에 대하여 안내 드리고자 합니다.

학생 선택 프로그램은 주 2회 3시간씩 6시간이 운영되고, 6주를 1시즌으로 하여, 한 학기 3시즌으로 운영합니다. 시즌별로 1개의 프로그램만 이수할 수 있으며 시즌1과 시즌2에서는 같은 교사의 수업을 수강할 수 없습니다.

뒷면에 첨부된 프로그램을 참고하셔서 학생의 진로발달검사 결과와 선택 프로그램의 진로유형을 보시고 일치하는 프로그램을 선택하시는 것이 학생의 적성이나 소질개발에 도움이 됩니다.

반편성은 현재의 반과는 상관없이 학생들이 프로그램을 선택하면 1순위에서 진로발달 검사와 프로그램의 진로유형이 일치하는 학생들을 먼저 수용하고 1순위에서 부족한 아이들을 2, 3순위에서 보충하여 프로그램당 인원을 20명 정도로 운영할 계획입니다.

운영과 관련하여 궁금한 사항은 ○○중학교 연구부로 문의하여 주시기 바랍니다.

○년 ○월 ○일

○○중학교장

——————————————————— 절 취 선 ———————————————————

프로그램 신청 및 학부모 동의서

1학년　　　반　　　번 이름(　　　　　)

희망	1순위	2순위	3순위	4순위	5순위	6순위	7순위	8순위	9순위	10순위
선택										

§. 뒷면의 프로그램을 보시고 희망 순위별로 선택 프로그램의 번호만 기입합니다.

보호자:　　　　　　(서명 또는 인)

○. ○. ○.

○　○　중 학 교 장

‖ 그림 6-6 ‖ **주제 선택 활동 프로그램 신청 안내지의 예시 1**

출처: 인천광역시 교육청(2014).

[시즌 1] 선택 프로그램 운영 계획(매주 수·금 5~7교시) 전일체험

구분		선택1	선택2	선택3	선택4	선택5
적성유형		R/IA	C/RI	E/SI	A/EI	E/SC
프로그램명		포토샵 이미지 편집	한자왕 주몽 따라잡기	국제학 수업	독서! 내 인생의 책 목록 만들기	내 고장 영종도와 인천 탐험 Go Go-
평가유형		포트폴리오	소감문 평가, 포트폴리오 평가	조사 보고서 평가, 소감문 평가, 과제/ 포트폴리오 평가	포트폴리오 평가, 작품, 태도, 준비성	포트폴리오 평가, 소감문 평가, UCC 제작 평가, 활동 참여도 평가
연계기관 및 기업		인천공항공사	(주)아이엠비씨	영종도서관, 인천 외국어연수원,외교 자료관, 인천국제 교류센터	영종 도서관	
담당교사		○○○	○○○	○○○	○○○	○○○
강의실		1-1	1-2	1-3	1-4	1-5
차시	월일					
1	8/21	선택도구 활용하기	오리엔테이션	국제학회 이해	내 인생 돌아보기 및 책 읽기	내 고장 영종도의 위치와 역사, 유적 지 등 조사
2	8/23	선택 영역 변형하기	한자왕 주몽 1, 2, 3화	세계지도 만들기	독서와 좋아하는 책 소개하기1	GPS 보물찾기
3	8/28	신호등 만들기	한자왕 주몽 4, 5, 6화	세계여행 준비하기	독서와 좋아하는 책 소개하기2	을왕리의 위치와 특징 조사
4	8/30	다양한 도형 만들기	한자왕 주몽 7, 8, 9화	세계여행 계획발표	목록 살피고 독서하기	공화춘과 청·일 조계지 경계 계단
5	9/04	이정표 만들기	한자왕 주몽 10, 11, 12화	지구촌 탐구활동1	목록 살피고 독서하기	과거 개항장의 인천
6	9/06	다양한 문자 타이 틀 만들기	한자왕 주몽 13, 14, 15화	지구촌 탐구활동2	나만의 책 분류법 만들고 독서하기	과거 개항장의 인천
7	9/11	자유로운 이력서 만들기	한자왕 주몽 16, 17, 18화	영어발표연습	내 인생의 책 목록 만들기1	대불호텔 국유화 토론
8	9/13	방향 표시 만들기	한자왕 주몽 19, 20, 21화	지구촌 탐구활동3	내 인생의 책 목록 만들기2	인천 은행거리
9	9/16					
10	9/20					
9	9/25	학교폭력 포스터 만들기	한자왕 주몽 22, 23, 24화	문화차이 연구	내 인생의 책 목록 만들기3	자유공원과 차이나타운
10	9/27	환경 관련 포스터 만들기	한자왕 주몽 25, 26화	Role-play	친구들 인생의 책 목록 구경하기	영종 골든벨 퀴즈 및 답사 사전 교육
11	10/03	전일체험	전일체험	전일체험	전일체험	전일체험
12	10/04					

※ 선택 프로그램에 대한 자세한 운영 계획은 ○○학교 홈페이지의 자유학기제 코너를 참조하거나 ○○중학교 연구부로 문의해 주시기 바랍 니다. 이미 안내한 것과 같이 과정별로 준비물이 있을 수 있습니다. 자세한 것은 각 프로그램 담당선생님께 문의하세요.

선택6 R/SE	선택7 L/RA	선택8 R/IA	선택9 A/SI	선택10 A/RI	비고
뉴스포츠 활동 (음악줄넘기)	과학완구 활용	요리조리 캠핑요리 따라 하기	음악으로 우리의 마음 표현하기	화가꿈나무 (소묘로 기초세우기)	
조사 보고서 평가, 소감문 평가, 과제/ 포트폴리오 평가	조사 보고서 평가, 소감문 평가, 과제/ 포트폴리오 평가	보고서 평가, 소감문 평가, 포트폴리오 평가	보고서 평가, 참여도, 소감문 평가, 과제 포트폴리오 평가	포트폴리오 평가, 소감문 평가	
21세기 줄넘기협회	인천교육과학연구원/ 인천공항	인천평생학습관, 인천산업학교, 짜장면박물관		도자기공방 방문	
○○○	○○○	○○○	○○○	○○○	
체육관/ 운동장	과학1실	가정실	음악실	미술실	
줄넘기의 역사 이해하기	공명스프링, 가변탄성 디스크, 노래하는 파이프	식단 작성하기	OT	소묘 (도형 데생)	
음악줄넘기 용어 및 에티켓	동전이 사라지는 저금통, 동전축소저금통	식재료의 준비	생활속 음악	소묘 (인체 데생)	
음악줄넘기 기본 스텝 익히기1	물 먹는 새, 말하는 테이프 줄	생식 조리법	음악방송 계획·구성하기	염색으로 표현하기 (홀치기염)	
음악줄넘기 기본 스텝 익히기2	물로 가는 자동차, 불 뿜는 돌고래	가열 조리법1: 끓이기와 삶기	뮤직비디오 만들기	염색으로 표현하기 (홀치기염)	
음악줄넘기 기본 스텝 익히기3	매직 아트, 마음의 눈, 거미퀴즈	가열 조리법2: 찌기	세계민요1	염색으로 표현하기 (날염)	
음악줄넘기 기본 스텝 익히기4	반대그라고 발전기	가열 조리법3: 데치기	세계민요2	염색으로 표현하기 (날염)	
음악줄넘기 기본 스텝 익히기5	비눗방울 과학 키트, 발표회, 소닉 익스플로러	가열 조리법4: 조리기	음악관련 직업 알아보기	염색천으로 조각보 만들기	
음악줄넘기 기본 스텝 익히기6	소형 아그네 전구, 신기한 전파, 삼차원 가상현실 거울	가열 조리법5: 굽기/볶기	우리나라의 대중음악1	염색천으로 조각보 만들기	학부모 공개수업
					추석연휴
					추석연휴
음악줄넘기 기본 스텝 익히기7	자기부양팽이	가열 조리법6: 부치기	우리나라의 대중음악2	도자기공예(생활소품 지점토 공예)	
음악줄넘기 기본 스텝 익히기8	포트폴리오 정리	가열 조리법7: 튀기기	우리나라의 대중음악3	도자기공예(코일링으로 그릇 만들기)	
전일체험	전일체험	전일체험	전일체험	전일체험	

‖그림 6-7‖ 주제 선택 활동 프로그램 신청 안내지의 예시 2

출처: 인천광역시 교육청(2014).

Tips

☑ 다중지능검사

- 다중지능은 1983년 하워드 가드너(Howard Gardner)가 주장한 것으로, 인간의 지능이 언어지능, 논리수학지능, 공간지능, 신체운동지능, 음악지능, 대인관계지능, 자연친화지능, 자기이해지능의 여덟 가지로 이루어져 있다고 하는 이론임. 일반적으로 한 가지의 지수로 나타내는 IQ검사만으로는 인간의 모든 영역을 판단하거나 단정할 수 없다는 의미임

- 개인에 따라 정도의 차이는 있지만, 인간은 여덟 가지 지능을 모두 가지고 태어난다고 가정. 이 여덟 가지 지능이 매우 복잡한 방식의 조합을 이루어 한 인간을 구성. 여덟 가지의 지능은 따로따로 작용하는 것이 아니라 항상 서로 영향을 주고받으며 협력. 그리고 효과적인 교육과 훈련 등을 통해 누구나 이 여덟 가지 지능을 일정한 수준까지 계발할 수 있다고 함. 인간은 누구나 각 영역에 따라 높은 영역의 지능과 낮은 영역의 지능이 있으며 이의 조합에 따라 개인의 다양한 재능이 발현. 이에 따라 본인의 직업 적성 적합도 또한 다중지능검사 결과를 참조하여 보다 세분화되고 다각적인 구조에서 찾아볼 수 있음

- 다중지능검사 결과표에는 여덟 가지 지능 영역별로 각각의 점수가 기록되어 나옴. 하지만 결과표의 수치는 참고 자료이지 절대적인 자료는 아님

- 다중지능검사는 여러 가지로 활용할 수 있는데, 우선 검사를 실시한 후 다중지능 프로필을 작성해 자신의 강점과 약점을 알아볼 수 있음. 그리고 강점지능이 가장 빛을 발할 수 있는 분야와 직업 등을 살펴볼 수 있으며, 개인 생활 및 기업 조직 등에서 자기계발의 원리로 활용할 수 있음

- 여러 가지 버전의 다중지능검사가 있는데, 간략본을 사용하여 검사를 실시한 후 그 결과로 학생들이 어떤 영역에서 자신들의 적성과 지능이 높은지를 참고하여 여러 가지 프로그램을 선택하는 것을 도와줄 수 있음

- 다음의 관련 서적이나 사이트를 통해 검사 문항과 검사 실시방법, 해석지를 다운받아 사용할 수 있음
  - 전라남도함평교육지원청 사이트(http://hped.jne.go.kr) 학습클리닉센터 자료실
  - 시어러(Shearer, 1997)의 다중지능검사 도구를 번안한 K-MIDAS(김현진, 1999)
  - 문용린 등(2001)의 중고생용 자기보고식 다중지능 검사(문용린 외, 2001)

　학생들이 다중지능검사나 자기 자신을 탐색할 수 있는 검사를 실시한 후에는 그 검사를 바탕으로 하여 자신의 강점, 즉 잘 발달시킬 수 있는 지능이나 역량이 어느 부분에 있고, 약점이 어느 부분에 있는지를 파악하게 할 수 있다. 이를 통해 자신이 참여하고 싶은 프로그램이 어떤 것들이 있는지 탐색해 볼 수 있는 기회를 제공한다. 그런 다음, 프로그램의 목표와 주된 활동을 제시하고 이를 통해 주제 선택 활동의 각 프로그램에서 진행하게 되는 내용들을 파악할 수 있게 할 수 있고, 아니면 그 프로그램을 통해 자신들이 원하는 것이 무엇인지, 각 프로그램을 통해 성장할 수 있는 부분은 무엇인지 등을 미리 생각해 볼 수 있게 하는 것도 바람직한 방법이다.

Tips

☑ **주제 선택 활동 편성 시 유의사항**

- 학기가 시작하기 전(2학기의 경우 6월, 7월경부터), 학생들에게 주제 선택 활동을 신청받기
- 받은 신청서를 기준으로 교사의 배정 인원을 고려한 주제 선택 활동 수를 결정(반드시 협의를 통해 교사의 지도 능력을 고려하여 안배. 강사를 위촉할 경우 섭외 가능 여부를 사전 조사)
- 학생들의 신청과 담당 교사 배정이 완료되면 편성된 활동들을 학생들에게 안내하고 3지망까지 개별 신청을 지원하도록 함. 반드시 신청서에 본인과 학부모 서명이 들어가도록 함

출처: 한국과학창의재단(2015).

Tips

☑ 주제 선택 활동의 달인 되기

- 주제 선택 활동과 관련된 연수에 참여함. 교육청, 한국과학창의재단 등 여러 기관의 주최로 요리실습, 영상 스토리 창작, 건축 관련 수업, 글쓰기 교실, 퍼즐, 밴드, 뮤지컬, 연극, 패션디자인, 신문기사 쓰기 등 다양한 분야의 연수가 방학 때 개설됨. 이것과 관련된 공문은 6월부터 본격적으로 나오기 시작하므로 잘 챙겨 볼 것
- 다양한 기관에서 개발된 프로그램을 참조함. 서울의 경우 2014년 6종의 주제 선택 활동 및 토론수업, 프로젝트 수업 관련 자료집, 2016년 4종의 주제 선택 활동 자료집을 발간하였음. 경남교육청도 자유학기제 함께 만들어가는 좋은 수업 및 평가자료집, 자유학기체험, 참여형 프로그램 운영 자료집 등을 발간하는 등 각 지역교육청에서 학교에서 활용 가능한 형태의 프로그램을 개발하여 보급하고 있음. 틈틈이 교육청 홈페이지를 통해 확인해 볼 것

출처: 한국과학창의재단(2015).

[그림 6-6]과 [그림 6-7]은 학생들에게 주제 선택 활동 프로그램을 잘 고를 수 있도록 설명하는 안내지의 예시다. 각 프로그램명과 목표, 담당 교사 등을 알려 주고 그 프로그램에서 주로 수행하는 활동에 대해 안내한다. 또한 [그림 6-8]과 [그림 6-9]에 제시된 것과 같은 안내문을 통해 각 프로그램에서 학생들 자신이 하게 될 활동을 적어 보도록 하고, 혹시라도 미리 가지고 있어야 하는 선행지식이나 정서적인 태도가 있다면 그에 대해 생각해 볼 수 있도록 기회를 제공한다. 그리고 학생들 자신이 원하는 바가 무엇인지, 이를 통해 달라지고 싶은 부분이 무엇인지 적어 보도록 하여 실제로 그 프로그램을 통한 그들의 성장을 도울 수 있다.

선택 프로그램

1	삶과 함께하는 이야기 글쓰기		담당교사	
국어	학습목표	동화책 만들기(공동창작활동)		
	주요 활동	개인별 이야기(모둠협력활동) 모둠별 동화책 만들기(삽화 그리기, 표지 디자인하기, 책 만들기)		

2	신문으로 세상 보기		담당교사	
도덕	학습목표	포트폴리오		
	주요 활동	신문을 활용한 진로탐색 보고서 쓰기(롤모델 찾기, 인터뷰하기) 신문을 활용하여 시사 토론하기		

3	고지도와 스마트앱을 이용한 향토지리 탐색		담당교사	
사회	학습목표	고지도와 현재 지도를 비교하여 향토지리를 탐색할 수 있다.		
	주요 활동	고지도 읽기(개인별, 모둠별 활동) 스마트 앱을 통한 지도 읽기(개인별 활동) 미래의 지역지리 변화 예측하기(모둠별 활동)		

4	놀이로 만나는 기하의 세계		담당교사	
수학	학습목표	놀이를 통하여 평면도형과 입체도형 성질 알기		
	주요 활동	테셀레이션, 펜토미노, 칠교놀이로 만나는 평면의 세계 틀과 기둥, 시어핀스키 피라미드, 쌍대정다면체로 만나는 입체의 세계		

5	뻔뻔(Fun-Fun)한 과학		담당교사	
과학	학습목표	탐구실험활동을 통한 과학 탐구능력의 향상과 생활 속의 과학 직접 체험		
	주요 활동	과학원리 및 개념을 이용하여 클레이아트 및 요리하기(개별활동) 모둠별 개구리 조립하기(해부하기, 개구리 뼈 조립하기)		

6	나무와 함께하는 뚝딱이 세상		담당교사	
미술	학습목표	생활 속의 목공체험(협동 체험활동)		
	주요 활동	설계도면 그리기(개인별 활동) 도면을 기초로 목제품 만들기(협동활동: 마름질, 재단, 조립, 칠하기)		

7	노래로 엮어가는 뮤지컬 세상		담당교사	
음악	학습목표	파트별 음정을 정확히 익혀 뮤지컬을 만들어 보자.		
	주요 활동	파트별 음정 정확히 익히기 연극, 음악, 무용이 결합한 종합 무대 예술 만들기		

8	생활 속에서의 실용공예와 디자인 활용		담당교사	
미술	학습목표	나타내고자 하는 주제의 목적과 기능에 맞춰 개성 있게 표현할 수 있다.		
	주요 활동	생활 속 공예 체험(전통공예 및 Food & Art 체험활동) 디자인의 생활화(광고, 문자, 캐릭터, 인테리어디자인 실습활동)		

‖ 그림 6-8 ‖ 주제 선택 활동 프로그램 안내지의 예시 1

출처: 가야여자중학교(2014).

선택 프로그램 탐색

학번: _____   성명: _____

※ 이 활동은 학생 선택 프로그램을 고르기 위하여 각 선택 프로그램에 대해 탐색하는 과정입니다. 제시된 선택 프로그램의 안내문을 잘 읽어 보시고, 각 프로그램의 특성과 활동 내용에 대해 자유롭게 적어 봅시다.

1 삶과 함께하는 이야기 글쓰기

가. 이 프로그램은 주로 어떤 활동을 하게 될까요?   _____

나. 이 프로그램을 잘 수행하기 위해서는 무엇을
    잘 하는 것이 좋을까요?   _____

다. 이 프로그램을 통해 나는 무엇이 달라질 수 있을까요?   _____

2 신문으로 세상 보기

가. 이 프로그램은 주로 어떤 활동을 하게 될까요?   _____

나. 이 프로그램을 잘 수행하기 위해서는 무엇을
    잘 하는 것이 좋을까요?   _____

다. 이 프로그램을 통해 나는 무엇이 달라질 수
    있을까요?   _____

3 고지도와 스마트앱을 이용한 향토지리 탐색

가. 이 프로그램은 주로 어떤 활동을 하게 될까요?   _____

나. 이 프로그램을 잘 수행하기 위해서는 무엇을
    잘 하는 것이 좋을까요?   _____

다. 이 프로그램을 통해 나는 무엇이 달라질 수
    있을까요?   _____

4 놀이로 만나는 기하의 세계

가. 이 프로그램은 주로 어떤 활동을 하게 될까요?   _____

나. 이 프로그램을 잘 수행하기 위해서는 무엇을
    잘 하는 것이 좋을까요?   _____

다. 이 프로그램을 통해 나는 무엇이 달라질 수
    있을까요?   _____

5 뻔뻔(Fun-Fun)한 과학

가. 이 프로그램은 주로 어떤 활동을 하게 될까요?   _____

나. 이 프로그램을 잘 수행하기 위해서는 무엇을
    잘 하는 것이 좋을까요?   _____

다. 이 프로그램을 통해 나는 무엇이 달라질 수
    있을까요?   _____

‖ **그림 6-9** ‖ **주제 선택 활동 프로그램 안내지의 예시 2**

출처: 가야여자중학교(2014).

학생 선택 프로그램 활동 다짐

프로그램: _____　　　학번: _____　　　성명: _____

※ '학생 선택 프로그램 활동 다짐'은 프로그램에 대한 담당 선생님의 안내를 듣고, 여러분이 적극적인 활동을 할 수 있도록 여러분 스스로가 자기에게 다짐을 하는 활동입니다. 아래의 내용을 잘 읽고, 적극적인 활동을 위해 여러분이 스스로 갖추어야 할 것에 대해 진지하게 생각하시기 바랍니다.

1 프로그램 선택과정을 되돌아보며

가. 여러분은 이 프로그램이 어떤 활동을 하게 될 것이라고 생각하였습니까?
_____

나. 이 프로그램은 다중지능 검사에서 나타는 강점 지능 또는 약점 지능과 어떤 관련이 있습니까?
_____

다. 여러분은 이 프로그램을 통해 자신의 어떠한 점을 어떻게 발전시킬 수 있을 것으로 기대하고 있습니까?
_____

라. 여러분은 이 프로그램을 왜 선택하였습니까?
_____

2 선생님의 안내를 듣고 난 뒤에

가. 이 프로그램을 통해 여러분은 어떤 활동을 하게 됩니까?
_____

나. 선생님의 안내를 통해 알게 된 사실은 여러분이 선택 과정에서 생각한 바와 얼마나 비슷합니까?
_____

다. 여러분은 이 프로그램을 통해 자신의 어떠한 점을 발전시킬 수 있을 것으로 생각합니까?
_____

라. 여러분은 앞으로 6주간 이 프로그램을 어떠한 마음가짐과 자세로 임하겠습니까?
_____

마. 이 프로그램의 활동을 잘 하기 위해 여러분들이 준비해야 할 것은 무엇이라고 생각합니까?
_____

바. 다음 주 활동을 위하여 여러분이 준비하여야 할 것은 무엇입니까?
_____

‖그림 6-10‖ 주제 선택 활동 다짐 활동지의 예시

출처: 가야여자중학교(2014).

자기 자신과 활동 프로그램에 대한 탐색이 끝나면 선택한 활동을 잘 이수하기 위해 [그림 6-10]과 같은 다짐서를 쓰게 할 수도 있다. '프로그램 활동 다짐'은 자신이 선택한 프로그램의 구체적인 운영 과정에 관한 담당 교사의 안내를 들은 후에 자신의 활동목표 및 활동에 임하는 태도를 스스로 정리하여 기록하게 함으로써 학생들의 능동적인 참여를 이끌어 낼 수 있는 방법이다.

3) 차시별 활동

각 차시별 활동은 일반 수업을 진행하는 절차와 비슷하나, 대부분의 학교에서는 교사의 전문성 때문에 어려움을 겪을 수도 있다. 이럴 경우 교육부나 각 교육청 홈페이지, 한국과학창의재단, 한국교육개발원 등의 자유학기제 홈페이지에 게시된 다양한 자료를 다운로드하여 수업에 도움을 받을 수 있다. 각 홈페이지는 주차별 활동 계획과 학생들의 학습지 및 학습 활동 등을 제공하고 있으며 주제 선택 활동 수업 운영에 관한 교사용 지도서도 제공하고 있으므로 이를 참고하여 수업을 준비할 수 있다.

연간 운영 계획서

주제	삶과 함께하는 이야기 글쓰기		담당교사	조우성	
주요 활동	동화책 만들기(공동창작)				

주	차시	주요 활동	세부 내용	준비물	비고
1	1	선택프로그램 활동 안내			
		활동 탐색 및 활동목표 설정		• 자기 탐색 활동지 1	
	2	글쓰기	• 제한 조건 없이 글쓰기	• 글쓰기 활동지 1	20분
		글쓰기가 어려운 이유 생각하기	• 글쓰기의 과정과 절차 발견하기	• 글쓰기 모둠 활동지 1	
2	3	경험 떠올리기	• 자신이 겪은 일 적기	• 이야기 구성지 1	10분
			• 모둠별 질문하기 방법으로 개념 구체화하기	• 이야기 구성지 1	30분
	4	주제 정하기	• 자신의 경험을 구체적으로 정리하기	• 이야기 구성지 1	
			• 자신의 경험으로부터 전달하고자 하는 주제 정하기	• 이야기 구성지 1	
3	5	스토리 라인 만들기	• 이야기의 줄거리 만들기	• 이야기 구성지 2	
	6	배경 및 캐릭터 만들기	• 이야기에 맞는 배경 정하기	• 이야기 구성지 3	
			• 이야기에 맞는 인물 정하기	• 이야기 구성지 3	
4	7	스토리 라인 조정하기	• 이야기 줄거리 정리하기	• 이야기 구성지 4	
			• 모둠별 질문하기 방법으로 줄거리 구체화하기	• 이야기 구성지 4	
	8	이야기 만들기	• 이야기 구체적으로 쓰기	• 이야기 구성지 4	
			• 동화책 페이지별 아웃라인 담기	• 이야기 구성지 5	
5	9	삽화 그리기	• 이야기에 어울리는 삽화 그리기	• 필기도구 • 미술도구(색연필 등) • 이야기 페이지별 편집	
	10				
6	11	표지 및 목차 만들기	• 공동 동화책의 표지 및 목차	• 필기도구 • 미술도구(색연필 등)	
	12	개인별 작품 설명서 작성하기	• 자기의 이야기 설명서 쓰기	• 필기도구 • 이야기 구성지 6	
7	13	작품 자체 평가회	• 작품 설명서의 작품을 보고, 질문 및 평가 실시하기	• 상호평가지, 자기평가지	
	14				
8	15	작품 자체 평가회	• 작품 설명서의 작품을 보고, 질문 및 평가 실시하기	• 상호평가지, 자기평가지	
	16	평가 및 차기 계획 수립	• 활동 평가 및 만족도 조사		
			• 향후 활동 계획 수립하기		

‖ 그림 6-11 ‖ **연간 운영 계획서의 예시 1**

출처: 가야여자중학교(2015).

과학	주제 및 활동	비고
1주차	• 주제: 세포 • 세포와 관련된 다양한 질병을 알아보자. • 활동: 다양한 세포 관찰	탐구 실험
2주차	• 주제: 잎맥 관찰하기 • 나뭇잎에서 잎살을 제거하고 잎맥만 남겨 관다발의 분포를 관찰한다. • 활동: 잎맥 관찰 탐구 실험	탐구 실험
3주차	• 주제: 사람마다 다른 특성 • 사람마다 다른 특성(지문, 홍채, 목소리)을 활용하여 범인 색출이나 건물의 출입에 활용하기 • 활동: 프로젝트 발표 연습	컴퓨터실에서 파워포인트 작성 연습
중 략		
15주차	• 주제: 천재일우를 만날 확률은 얼마나 될까? • 천재일우의 의미(한문), 우박 등 특이한 기상현상(과학)에 대하여 알아보고, 천재일우를 만날 확률(수학)을 계산해 본다.	steam
16주차	• 주제: 모기 • 올해 모기가 빨리 나타나는 이유를 기상현상을 통해 분석해 보고, 모기가 동물의 피를 먹는 이유, 말라리아, 일본뇌염, 뎅기열 등 모기와 관련된 여러 가지 주제를 팀별로 탐구하여 발표한다. • 활동: 발표수업	독서토론 (자료를 읽고 분석하여 발표하기)
17주차	• 주제: 탐구 프로젝트(자유탐구) 발표 • 한 학기 동안 팀별로 탐구(실험, 자료조사 등)한 내용을 파워포인트 등을 활용하여 발표한다.	

‖그림 6-12‖ 연간 운영 계획서의 예시 2

출처: 여수구봉중학교(2014).

3~4차시	경험을 통해 글쓰기 주제 정하기	학습형태	모둠 활동
		평가 방법	–

활동단계	학습 내용	관련자료	시간
경험 떠올리기	• 자신의 경험 중 가장 기억에 남는 일을 간략하게 적어 본다.	이야기 구성지 1	
	ㄴ 이야기의 전체 과정을 적되, 너무 자세하게 적어 시 간을 많이 사용하지 않도록 한다.		
질문 하기	• 모둠원이 글을 서로 돌려 읽으며, 글 내용에 대해 질문 을 1인당 3개씩 기록한다.	이야기 구성지 1	
	ㄴ 질문은 글 내용에 적힌 것만 하도록 한다.		
	ㄴ 옆 사람의 질문과 중복되지 않는 질문을 하도록 한다.		
	ㄴ 질문할 때 질문한 사람의 이름을 같이 적도록 한다.		
	ㄴ 옆 사람의 질문에서 두 줄을 띄우고 다음 사람이 적 도록 한다.		
	• 모든 모둠원의 질문이 다 기록되고 나면, 자신의 글에 달린 질문을 읽고, 질문에 대한 답변을 정리한다.		
	ㄴ 각 질문의 아래에 있는 빈 줄에 답변을 적는다.		
	• 답변을 다 적고 나면, 다시 활동지를 돌려 읽는다.		
	ㄴ 자신의 질문에 대한 답변을 확인한다.		
	ㄴ 다른 학생의 질문과 답변을 같이 확인한다.		
	ㄴ 답변을 확인하는 과정에서 자신의 글에서 보충하여 야 할 점을 스스로 생각해 본다.		
글 고쳐 쓰기	• [질문하기] 활동을 통해 확인한 점을 활용하여 자신의 글 을 고쳐 쓴다.	이야기 구성지 2	
	ㄴ [질문하기] 활동을 통해 확인한 질문과 답변을 떠올 리며 고쳐 쓴다.		
	ㄴ 자신의 경험을 구체적으로 적도록 한다.		
	ㄴ 고쳐 쓰는 과정에서 자신의 경험이 가지는 의미를 스스 로 생각해 본다.		

활동단계	학습 내용	관련자료	시간
댓글 달기	• 고쳐 쓴 글을 모둠원이 돌려 읽으며, 글에 대한 자신의 생각을 댓글의 형태로 적는다.	이야기 구성지 2	
	ㄴ 댓글은 글과 관련된 내용만 적도록 한다.		
	ㄴ 댓글은 내용에 대한 질문, 자신의 느낌, 글에 대한 칭찬과 비판 등 다양한 형태로 적을 수 있게 한다.		
	ㄴ 앞 사람의 댓글에서 두 줄을 띄우고 댓글을 적게 한다.		
	• 댓글을 모두 적고 나면, 자신의 활동지에 댓글에 대한 답글을 적도록 한다.		
	• 답글을 다 적고 나면, 다시 한 번 더 댓글을 적도록 한다.		
	ㄴ 앞서 자신이 적은 댓글, 다른 사람이 적은 댓글과 중 복되지 않는 댓글을 적도록 한다.		
주제 정하기	• '댓글 달기'를 통해 활동한 결과를 떠올리며 자신의 경 험에서 글을 쓸 주제를 정한다.	이야기 구성지 3	

	ㄴ '댓글 달기' 활동에서 모둠원이 기록한 댓글 내용을
	   참고로 하여 자신의 경험에 대한 자신의 느낌을 정
	   리하도록 한다.		

	ㄴ 자신의 경험과 반대되는 결과가 나올 수 있는 상황 을 적어 본다.		
	ㄴ 두 활동을 통해 자신의 경험에서 의미 있는 가치를 발견한다.		
	ㄴ 발견한 가치를 하나의 문장으로 정리해 본다.		
차시 예고	• 주제를 드러낼 수 있는 이야기 줄거리 만들기		

‖ 그림 6-13 ‖ 차시별 수업 진행 지도안의 예시 1

출처: 가야여자중학교(2014).

Ⅳ 활동 내용

도 입	분위기 조성/학습목표, 내용 안내(20분)
활동목표 제시	① 앞으로 진행될 '요리 실습'의 수업 소개를 진행한다(학교 사정에 알맞은 실습메뉴 등). ② 요리와 삶의 질과의 밀접한 관계를 이해시킨다(제이미 올리버 동영상 시청). ③ 활동지 1을 이용하여 학생들이 요리의 경험을 이야기하며 동기부여되도록 한다. ④ 활동지 2를 이용하여 음식 관련 시를 읽고 내가 가장 좋아하는 음식으로 시를 쓴다. ⑤ 읽기자료에 제시된 책을 학생들에게 소개한다.

전개 1	요리와 관련된 자신의 경험 소개하기(25분)
요리와 관련된 자신의 경험 소개	활동지 1-1과 1-2를 활용하여 요리와 관련된 자신의 경험을 소개한다. 1-1. 요리에 대한 가장 기억에 남는 경험을 이야기한다. 1-2. 본인이 가장 좋아하는 음식이 무엇인지 소개한다(음식의 재료, 맛을 생각하며 작성 후 발표).

전개 2	요리와 문학에 관한 읽기 자료 보기(35분)
학생들의 요리 문학 관련 발표	학생들이 알고 있는 요리와 관련된 문학은 무엇이 있는지 물어 본다.
요리와 관련 시 읽기	활동지 2에 나온 '요리 관련 시'를 읽고 시로 표현해 본다. 활동지 1-1에 적은 가장 좋아하는 음식을 이용하여 시로 표현해 본다.
재미있는 읽기 자료	읽기 자료에 제시되어 있는 다양한 읽기 자료를 소개한다.

정 리	정리(10분)
활동목표 제시	① 요리는 삶과 밀접한 관련이 있음을 설명할 수 있다. ② 요리에 대한 가장 기억에 남는 경험과 가장 좋아하는 음식에 대해 이야기한다. ③ 요리 관련 시 '쑥개떡'과 '김밥'을 읽는다. ④ 재미있는 읽기 자료를 소개한다. ⑤ 학생들이 작성한 수업 내용과 발표한 내용을 학생들의 평가 자료로 사용한다.

‖ 그림 6-14 ‖ 차시별 수업 진행 지도안의 예시 2

출처: 한경수(2014).

• 새로운 아이템으로 성공한 사례를 찾아봅시다.

회사명		
제품명		
내 용	아이디어	
	기 능	

※ 가이드라인
• 새로운 아이템으로 성공한 사례를 찾아서 적도록 한다.
• 예시)

회사명	한경희 생활과학	
제품명	스팀청소기	
내 용	아이디어	한경희 대표가 무릎 꿇고 청소를 하다가 스팀이 나오는 대걸레를 만들면 편리하겠다는 생각으로 사업을 시작함
	기 능	스팀청소기로 바닥의 물걸레질로 인하여 먼지를 제거할 뿐만 아니라 바닥에 묻은 것들도 깨끗하게 닦아냄

• 새로운 아이템으로 성공한 사례를 찾아봅시다.

_____

_____

_____

_____

※ 가이드라인
• 꼭 특별한 아이템으로 성공한 사례만 찾으려 하지 말고 일상생활의 불편함을 해소시켜 주는 아이템으로 창업한 사례도 찾도록 유도한다.
• 예시) 그림은 국내 디자인업체인 라비또에서 휴대폰 케이스를 출시하여 성공시킨 모델이다. 이와 같이 밋밋한 휴대폰에 케이스를 입히면서 이어폰 줄이 꼬이는 현상을 해결하는 등, 일상생활에서 사소한 불편함을 해소한 창업 사례를 찾아보도록 한다.

‖ 그림 6-15 ‖ 주제 선택 활동(미니컴퍼니와 경영)의 학생 활동지의 예시

출처: 홍종희(2014).

삶과 함께하는 이야기 글쓰기-③
대상 정하기, 사건 만들기①

학번: _____　　성명: _____

① 주제 정하기	② 대상 정하기	③ 사건 만들기	④ 인물 설정하기
• 자신의 경험 떠올리기 • 문제 상황 찾기	• 대상 정하기 • 대상의 성장 방향 정하기	• 중심 사건 만들기 • 중심 갈등 만들기	• 인물 설정하기 • 인물의 환경, 성격 만들기

⑤ 배경 설정하기	⑥ 줄거리 만들기	⑦ 이야기 쓰기	⑧ 삽화 및 표지 만들기
• 시간적, 공간적 배경 • 인물의 성격 고려하기	• 이야기의 흐름 정리하기 • 전체적인 이야기 구성하기	• 줄거리에 따라 적절한 표현 활용하여 이야기 짓기	• 이야기에 맞는 삽화 그리기 • 표지 그리기

1. 내가 정한 주제를 다시 한 번 정리해 봅시다.
　가. 지난 시간에 내가 떠올린 사건은 무엇이었습니까?

　나. 그 사건을 통해 내가 깨닫게 된 것은 무엇입니까?

　다. 그 사건을 통해 말하고 싶은 것은 무엇입니까?

2. 이 이야기를 전할 대상을 정해 봅시다.
　가. 내가 정한 주제는 어떤 사람에게 도움이 될까요?(행동, 습관, 가치관 등)

　나. 내가 정한 주제를 누구에게 들려주고 싶습니까?

‖그림 6-16‖ 글쓰기 주제 선택 활동의 학생 활동지의 예시

출처: 가야여자중학교(2014).

```
┌──────────────────────────────────────────────────────────────────┐
│  ▌Tips▐                                                            │
│                                                                    │
│   ☑ 각 기관이 개발하여 배포한 주제 선택 활동                         │
```

• 한국과학창의재단: 자유학기제 주제 선택 활동 15종, 꿈 프로그램(예술형) 5종, 끼 프로그램(메이크업아트, 작사작곡, 웹툰, 화장품, 스마트폰 앱) 10종

• 한국교육개발원: 자유학기제 주제 선택 활동 9종(요리실습, 패션디자인, 미디어와 통신, 드라마와 사회, 미니컴퍼니 경영, 농림수산체험활동, 녹색학교 만들기, 한국의 예술 발견하기, 영상스토리 창작)

• 경남도교육청: 자유학기제 음악교과연구회(우리들의 판소리), 주제 선택 활동(내 고향 거제시)

• 경북도교육청: 자유학기제 지원 주제 선택 활동(꿈 키우고 끼 살리는 즐거운 진로 찾기)

• 광주시교육청: 자유학기제(세상을 바꾸는 글쓰기 기자학교)

• 대구시교육청: 주제 선택 활동 자료, ○○○ 세계무대에 서다(Dream High, Go Global), 영어신문으로 세상 읽기, 놀이공원의 과학, 따로 또 함께하는 세상 생명탐사 이야기, 지구! 다큐멘터리로 즐기자!, 좋은 여자, 좋은 남자 되기

• 부산시교육청: 자유학기제 주제 선택 활동 자료집–교과연계 12종(같이하는 가치 토론, 미래를 여는 경제교실, 자유학기를 위한 과제탐구, 체험을 통한 수학발견, 생활 속 수학 만나기, 과학 마술, 전통놀이에서 찾는 꿈과 끼, 마음대로 옛 과학 이용하기, 클레이로 과학만화영화 만들기, 로봇 이야기, NIE로 행복 찾는 꿈·끼·꾀 여행, 재미있는 노작)

• 서울시교육청: 나만의 책 만들기 프로젝트(워크북, 지도서), 항공과학의 세계(지도서), 로봇을 만들어보자(지도서), 공감 두드림(워크북, 지도서)

• 서울시교육청 주제 선택 활동 11종: 워크북, 지도서(이야기로 창작하기, 매체로 여는 창작 교실, 퍼즐과 게임 인생 조각 맞추기, 뮤지컬, 나도 기타리스트, 내가 살고 싶은 집 만들기, 내 손으로 뚝딱 가구 만들기, 신명 나는 토론 교실, 자라나는 밴드, 소설 읽기–논리×상상력 2, 신문 내 꿈을 펼치다)

※ 기관별 홈페이지에서 계속 업데이트 되므로 지속적으로 체크할 것

출처: 한국과학창의재단(2015).

4) 사후 활동

전체적인 활동 프로그램이 끝난 후에는 학생 스스로가 자신의 활동에 대한 '반성 및 평가'를 통해 자신을 성찰할 수 있는 기회를 제공하여야 한다. 이는 자신의 활동에 대해 스스로 반성함과 동시에 프로그램이 자신을 어떻게 성장할 수 있도록 도왔으며, 그 결과 자신이 어떤 성장을 이루었는지를 스스로 평가할 수 있도록 하는 것이다. 일반적인 교과 학습과는 달리 주제 선택 활동은 교과와 관련된 활동이기는 하나, 정보를 습득하는 것보다는 이 활동을 통해 실제의 자신의 역량을 개발하고 관심 분야에 대한 재능을 발견하며, 다양한 진로를 탐색할 수 있게 하는 것이므로, 학생 스스로가 자신의 활동에 대한 깊은 성찰을 해 볼 수 있는 기회를 제공하는 것은 매우 중요하다. 또한 이번 학기의 주제 선택 활동 경험을 바탕으로 다음 학년도에 대한 학습계획을 수립할 수 있게 하여, 성장한 자신을 되돌아보며 지속적인 자신의 성장을 위해 자신이 노력하여야 할 점을 판단하게 하는 것도 매우 중요하다.

사후 활동 중에 중요한 것은 만족도 조사를 통한 프로그램의 개선이다. 학생들에게 주제 선택 활동에 대한 자신의 활동을 돌아보게 함과 더불어 자신이 참여했던 활동에 대해 개선할 사항은 없는지, 좋았던 점은 무엇인지 등을 조사하여 앞으로 이 프로그램이 학생들에게 도움이 되도록 수정·보완한다.

주제 선택 활동의 평가에 대한 계획은 처음 활동 프로그램을 개설할 계획을 세울 때 함께 세워져야 한다. 이는 평가에 대한 기준을 미리 마련하여 이에 대한 객관적인 평가가 이루어지게 하기 위함이다. 주제 선택 활동의 평가는 활동 과정에 대한 평가, 프로젝트 결과물에 대한 평가, 학생 자기평가가 고루 반영되도

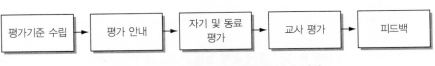

‖ 그림 6-17 ‖ 주제 선택 활동의 평가 절차

학생 선택 프로그램 활동을 마무리하며
프로그램 만족도 조사

프로그램: _____   학번: _____   성명: _____

※ 이 설문은 학생 선택 프로그램 활동을 마무리하며 프로그램 활동에 대한 여러분의 만족도를 알아보기 위한 것입니다. 아래의 문항을 잘 읽고 여러분의 생각과 일치하는 번호를 골라 ✓표를 하십시오.

번호	문항	전혀 그렇지 않다	그렇지 않다	보통 이다	그렇다	매우 그렇다
1	나는 이 프로그램의 활동에 적극적으로 참여하였다.	①	②	③	④	⑤
2	나는 이 프로그램의 활동에 참여하는 것이 재미있었다.	①	②	③	④	⑤
3	이 프로그램을 통해 배운 것이 나에게 도움이 되었다.	①	②	③	④	⑤
4	나는 이 프로그램을 통해 새로운 것을 배웠다.	①	②	③	④	⑤
5	나는 이 프로그램을 통해 배운 것을 더 깊이 배우고 싶다.	①	②	③	④	⑤
6	나에게 시간이 더 주어진다면 이 프로그램의 활동을 계속하고 싶다.	①	②	③	④	⑤
7	교과 수업에 집중한다면 이 프로그램을 더 잘 수행할 수 있을 것이다.	①	②	③	④	⑤
8	이 프로그램을 통해 배운 것은 교과 수업에 도움이 될 것이다.	①	②	③	④	⑤
9	이 프로그램에 참여할 때 세운 목표를 달성하였다.	①	②	③	④	⑤
10	한 번 더 이 프로그램에 참여한다면 더 좋은 결과를 얻을 수 있을 것이다.	①	②	③	④	⑤

※ 아래의 문항을 잘 읽고 여러분의 생각을 자유롭게 써 주세요.

1. 이 프로그램에 참여할 때 나의 목표는 무엇이었습니까?
_____

2. 이 프로그램은 나에게 어떤 도움을 주었습니까?
_____

3. 이 프로그램 활동 중 가장 도움이 된 활동은 무엇입니까?
_____

4. 이 프로그램 활동 중 가장 어려웠던 활동은 무엇입니까?
_____

5. 이 프로그램 활동 중 가장 쉬웠던 활동은 무엇입니까?
_____

6. 이 프로그램 활동 중 개선해야 할 것은 무엇입니까?
_____

‖ 그림 6-18 ‖ 주제 선택 활동 만족도 조사지의 예시

출처: 가야여자중학교(2014).

록 계획하여야 한다. 평가 기준을 설정하면 학생들이 주제 선택 활동을 하기 전과 주제 선택 활동에 참여한 후 평가 방법을 제시하여 학생 활동의 효과가 최대화될 수 있도록 하는 것이 좋다. 만일 처음 실시되는 주제 선택 활동이라면 활동의 단계마다 다양한 방법의 평가를 하여 그 결과를 누가 기록한 후 프로그램을 개선할 발판을 마련하고, 학생들의 생활기록부에도 학생의 정의적 영역과 특성이 잘 드러날 수 있도록 종합적으로 서술·기록한다.

3. 동아리 활동

동아리를 잘 편성하고 학생들이 적극적으로 활동할 수 있도록 하려면 지금까지 유지해 왔던 동아리 활동의 방법들을 바꿀 필요가 있다. 즉, 기존의 동아리 활동은 부서를 먼저 정해 놓고 학생들로 하여금 할당된 인원에 맞게 동아리를 결정하게 하여 할당된 인원이 초과되었을 경우에는 자신의 관심사와 관계도 없는 동아리에 억지로 참여하게 하는 방식을 유지해 왔다. 그러나 이럴 경우, 학생들이 자신들의 동아리에 애착이 없을 뿐만 아니라 형식적으로 시간만을 때우는 태도를 유지하는 것을 볼 수 있었다. 따라서 학생들의 수요와 관심을 최대한 반영하여 학생들이 원하는 분야를 중심으로 유연하게 동아리를 조직할 필요가 있다.

이를 위해서는 먼저 동아리 구성에 대한 아이디어를 학생들에게 수집한 후, 학생들이 자율적으로 만들고 싶은 동아리를 기획하여 지도교사를 모시는 과정부터 시작해 보도록 한다. 모든 학생이 동아리를 구성하지는 않아서 어려움이 있을 수도 있으나, 우선 한 가지의 방법으로 학생 자율 동아리부터 시작해 보는 것이 좋은 생각이라고 할 수 있다. 지도교사는 자신의 전문성, 외부 강사 초빙 등 여러 가지의 상황과 여건을 고려하여 지도할 동아리를 결정하도록 한다. 또한 동아리와 관련된 외부 전문가와의 만남을 주선한다든가, 직업체험, 동아리 활동을 정리할 수 있는 학기 말 발표회나 전시회와 같은 행사들을 주최하여 진로의식과 더불어 성취감을 느끼게 한다.

Tips

☑ 아이들이 활동하는 동아리가 참가할 수 있는 대회

• 서울 학생 동아리 한마당, 대구 동아리 한마당 등 지역에 있는 동아리 축제, YSC 청소년 탐구대회, 대한민국 청소년 동아리 경진대회, 대한민국 어울림 축전, 각종 지역 과학축전, 대한민국 과학 창의 축전, 충남 창의 과학 축전, 과학 싹 큰잔치, 지역별 과학관에서 열리는 행사 등 다양하고 많은 행사가 지역별, 시기별로 열림

• 동아리 학생들에게 참여할 수 있는 기회를 알려 주는 것만으로도 학생들은 그 대회를 준비하는 과정에서 보람된 기억뿐 아니라 동아리에 대한 애정, 참된 교우 관계, 배려하는 마음 등이 한 뼘 더 성장할 수 있음

Tips

☑ 동아리 운영을 더욱 알차게 할 수 있는 방법

동아리를 결성한 직후 동아리 활동 분야의 전문가를 모시고 아이들의 꿈과 끼에 대해 함께 이야기 나누는 시간을 가져 본다.

> **Tips**

☑ **교육기부를 찾는 방법?**

한국과학창의재단의 교육기부 사이트(http://www.teachforkorea.go.kr)에서는 다양한 프로그램을 자유학기제와 연계하여 진행하고 있다.

참고문헌

▶▶ 제1장

최상덕(2013). 자유학기제 실행 방안. 서울: 한국교육개발원.

▶▶ 제2장

남민우(2012). 2009 개정 교육과정에 따른 국어과 성취기준 및 성취수준 개발 연구. 서울: 한
　　국교육과정평가원.
박은아(2012). 2009 개정 교육과정에 따른 사회과 성취기준 및 성취수준 개발 연구. 서울: 한
　　국교육과정평가원.
양윤정(2012). 2009 개정 교육과정에 따른 미술과 성취기준 및 성취수준 개발 연구. 서울: 한
　　국교육과정평가원.
오찬숙(2015). 학생, 학부모, 교사가 함께하는 중등 융합교육 레시피. 서울: 지식과 감성.
이윤미, 서정아, 정남주, 이우익, 이길화, 하늘빛, 박미영, 원혜진, 송민주, 정광순
　　(2014). 아이들이 주인공이 되는 주제 통합 수업. 서울: 살림터.
장경원, 고수일(2014). 액션러닝으로 수업하기(2판). 서울: 학지사.
정주영, 홍광표, 이정아(2012). 술술 풀리는 PBL과 액션러닝. 서울: 학지사.
최상덕(2014). 자유학기제 연구학교 사례연구 종합 보고서. 서울: 한국교육개발원.
호평중학교(2014a). 세상을 아름답게 가꾸는 민주시민 교육. 2014민주시민교육 학습공

동체 '세아가지' 자료집.
호평중학교(2014b). 2014 교육과정 안내.
IDEO(2014). 교육자를 위한 디자인사고 툴킷. 서울: 에딧더월드

자유학기제 온라인정보시스템. http://freesem.moe.go.kr

▶▶ 제3장

강충열, 권동택, 정광순(2010). 주제중심 학습프로그램(점프 리더)이 통합적 사고 성향
    및 자기주도적 학습력에 미치는 효과. 학습자중심교과교육학회지, 10(3), 1-19.
조한무(2004). 포트폴리오를 활용한 교수와 평가의 통합수업 소개. 과학교육논총, 16,
    261-286.
최상덕(2013). 자유학기제 실행 방안. 서울: 한국교육개발원.

Drake, S. M. (2013). 통합 교육과정 개발과 평가의 기초(*Creating Standards-based
    integrated curriculum*). 유제순, 장인한 공역. 경기: 교육과학사. (원저는 2007
    년에 출판).
Fogarty, R. (1991). *The mindful school: How to integrate the curricula.* Pallantine, IL:
    Skylight.

▶▶ 제4장

교육과학기술부(2012). 학교 진로교육 목표와 성취기준. 세종: 교육과학기술부.
교육부(2013a). 2013년 SCEP 시범적용 결과 및 확대방안 보고회 개최 보도자료.
교육부(2013b). 학교생활기록부 기재요령. 세종: 교육부 창의체험활동지원팀.
진미석(2013). 창의적 진로개발과 SCEP. The HRD Review, 16(5), 106-125.

Brolin, D. E. (1997). *Life centered career education: A competency based approach.*
    Texas: Council for Exceptional Children.

Johnson, D. W., Johnson, R. T., & Smith, K. A. (1998). Cooperative learning returns to college: What evidence is there that is works? *Change: the magazine of higher learning, 30*(4), 26–35.

교육부 꿈길. http://www.ggomggil.go.kr
마시멜로 챌린지. https://www.marshmallowchallenge.com
한국과학창의재단 크레존. http://www.crezone.net
한국직업능력개발원 창의적 진로개발. http://scep.career.go.kr/scep/do
한국직업능력개발원 커리어넷. http://www.career.go.kr

▶▶ 제5장

서울특별시교육청 교육혁신과(2015). 2015 서울형 자유학기제 운영 매뉴얼.
성은모(2013). 자유학기제 도입과 청소년 체험활동 연계방안 연구. 서울: 한국청소년정책연구원.
한국직업능력개발원, 교육부(2014). 직업체험형: SCEP-F4 자유학기제를 위한 SCEP.

교육부 꿈길. http://www.ggoomgil.go.kr
교육부 진로체험 관리시스템. http://www.ggomgil.go.kr/gadmin
자유학기제 온라인정보시스템. http://freesem.moe.go.kr
한국과학창의재단 교육기부. http://www.teachforkorea.go.kr

▶▶ 제6장

가야여자중학교(2014). 교과연계 학생선택프로그램을 통한 행복의 네잎클로버 찾기. 2014학년도 중학교 자유학기제 정책연구학교 운영 보고서.
가야여자중학교(2015). '창·문·열·기' 프로젝트를 통한 똑똑(talk-talk)한 가야인 만들기. 2015학년도 중학교 자유학기제 정책연구학교 운영 보고서.
교육부(2013). 중학교 자유학기제 시범 운영계획안.
교육부(2015). 중학교 자유학기제 시행계획.

김현진(1999). 다중지능 측정도구의 타당화 연구. 서울대학교 대학원 석사학위논문.

문용린, 류숙희, 김현진, 김성봉(2001). 다중지능 측정도구 개발을 위한 연구: 중고생을 위한 다중지능검사 개발. 서울대학교 사범대학 교육연구소.

석미령(2014). 부산중앙중학교 교육과정 편성 · 운영 사례. 자유학기제 교육과정 편성 · 운영에 관한 워크숍 자료집. 한국교육과정평가원 연구자료.

안재연(2014). 사북중학교 교육과정 편성 · 운영 사례. 자유학기제 교육과정 편성 · 운영에 관한 워크숍 자료집. 한국교육과정평가원 연구자료.

여수구봉중학교(2014). 진로탐색활동을 통한 꿈과 끼를 키우는 구봉인. 전라남도교육청 지정 자유학기제 희망학교 운영계획서.

인천광역시교육청(2014). 자유학기제 운영 길라잡이.

정영근(2014). 자유학기제 도입에 따른 중학교 교육과정 설계 방안. 서울: 한국교육과정평가원.

한경수(2014). 자유학기제 학생 선택프로그램: 요리실습-교사용. 한국교육개발원 자유학기제 학생 선택프로그램 자료집.

한국과학창의재단(2015). 자유학기 행복 다이어리. 세종: 교육과학기술부

홍종희(2014). 자유학기제 학생 선택프로그램: 미니컴퍼니와 경영-교사용. 한국교육개발원 자유학기제 학생 선택프로그램 자료집.

황유진(2014). 연희중학교 교육과정 편성 · 운영 사례. 자유학기제 교육과정 편성 · 운영에 관한 워크숍 자료집. 한국교육과정평가원 연구자료.

부산광역시교육청 자유학기제지원센터. http://freesem.pen.go.kr

자유학기제 온라인정보시스템. http://freesem.moe.go.kr

전라남도함평교육지원청. http://hped.jne.go.kr

한국과학창의재단 교육기부. http://www.teachforkorea.go.kr

찾아보기

저자 소개

김민정(Kim, Minjeong)
미국 Florida State University 교육공학박사
현 단국대학교 사범대학 교직교육과 부교수

김혜원(Kim, Hyewon)
미국 Florida State University 교육공학박사
현 단국대학교 교수학습개발센터 연구교수

이정은(Lee, Jeong Eun)
한양대학교 대학원 교육공학박사
현 단국대학교 교양교육대학 교양학부 강의전담조교수

전은화(Chon, Eunhwa)
한양대학교 대학원 교육공학박사
현 단국대학교 교양교육대학 교양학부 조교수 및 진로교육 PD

정효정(Jung, Hyojung)
한양대학교 대학원 교육공학박사
현 단국대학교 교양교육대학 교양학부 강의전담조교수

황윤자(Hwang, Yun Ja)
한양대학교 대학원 교육공학박사
현 단국대학교 공과대학 공학교육혁신센터 연구교수

현장교사를 위한
자유학기제 및 자유학년제 수업 모형 가이드북
A Guidebook for Instructional Models
of Free Learning Semester

2017년 7월 20일 1판 1쇄 발행
2020년 9월 25일 1판 3쇄 발행

지은이 • 김민정 · 김혜원 · 이정은 · 전은화 · 정효정 · 황윤자
펴낸이 • 김 진 환
펴낸곳 • (주) **학지사**

　　　　04031 서울특별시 마포구 양화로 15길 20 마인드월드빌딩 5층
대표전화 • 02) 330-5114　　　팩스 • 02) 324-2345
등록번호 • 제313-2006-000265호
홈페이지 • http://www.hakjisa.co.kr
페이스북 • https://www.facebook.com/hakjisabook

ISBN 978-89-997-1299-9 93370

정가 **15,000원**

이 도서의 국립중앙도서관 출판시도서목록(CIP)은 서지정보유통지원시스템
홈페이지(http://seoji.nl.go.kr)와 국가자료공동목록시스템(http://www.nl.go.kr/kolisnet)
에서 이용하실 수 있습니다.
(CIP제어번호: CIP2017014634)

출판 · 교육 · 미디어기업 **학지사**

간호보건의학출판 **학지사메디컬** www.hakjisamd.co.kr
심리검사연구소 **인싸이트** www.inpsyt.co.kr
학술논문서비스 **뉴논문** www.newnonmun.com
원격교육연수원 **카운피아** www.counpia.com